대한검국
고발장

'유동규 변호인' 전병덕 변호사의
검찰개혁 출사표

대한검국 고발장

전병덕 지음

대장동 사건의 진실,
검찰의 프레임과 부패 카르텔!

더봄

《대한검국 고발장》을
쓰게 된 세 가지 이유

'변호인 전병덕'은 어느 날 갑자기, 검찰과 언론에 의해 '가짜 변호사'가 됐다.

법조인으로 살아 온 삶이 한순간에 무너지는 것 같았다. 그동안 변호인으로서 지켜 온 명예와 자존심에 깊은 상처를 남겼다.

고백하거니와 검찰의 농간이 분하고 억울해 밤잠을 설쳤다. 변호인으로 최선을 다해 돕고자 했던 진심을 얼토당토않은 거짓으로 공격하는 의뢰인을 보면서 분노한 것도 사실이다.

그러나 시간이 흐르면서 곰곰이 따져보니, 유동규 또한 검찰의 압박에 의한 피해자일 수도 있겠다는 생각이 들었다. 법이라는 이름으로 없는 죄도 만들어 내는 검찰 권력과 진위 사실을 따지지 않고 거짓을 양산하는 수구언론 앞에서 스스로

양심과 진실을 지켜낼 수 있노라 자신할 수 없는 세상이 되어
버렸다.

개인의 생사여탈, 가족과 지인들의 삶을 무너트릴 수 있는
실로 가공할 검찰폭력. 2023년 대한민국 검찰의 만행은 독재
시대 자행됐던 고문보다 훨씬 더 악랄하고 악독하다.

개인의 신원(伸寃)을 넘어 법조인의 한 사람으로서 검찰 권력
의 부조리함을 고발해야 한다는 소명의식이 치밀었다. 책을
쓰게 된 첫 번째 이유다.

대한민국에서 가장 법을 지키지 않는 집단이 검찰이라고
단언한다. 법을 집행하는 국가기관이 법을 지키지 않기에 더
중대한 문제다. 검찰이 수사를 집행하며 헌법과 형사소송법을
무시하고 불법을 당당히 저지르는 이유는 법에 의해 심판 받
지 않는 대한민국 유일무이한 성역이기 때문이다.

수사와 재판에서 횡행하는 무수한 검찰의 불법을 법원은
제어하지 않고 방관한다. 그런 점에서 법원은 무책임하고 비
겁하다. 검찰 권력에 기생하는 수구언론은 인권을 지키기보다
불법에 편승하고 동조한다. 정치집단은 한쪽은 개혁을, 또 한
쪽은 권력을 쟁취하는 도구로 검찰을 악용하는 가운데 결국
정치권력마저 빼앗기고 말았다.

정부를 장악한 검찰 권력은 국정원, 감사원, 국방부까지

손아귀에 넣고 민주주의를 마음껏 유린하고 있다. 정적이 된 야당은 검찰의 수사와 기소로 탄압받고 있다. 감사원은 지난 정부 인사에 대한 표적 감사로 정치보복에 앞장서고, 문재인 정부에서 축소된 검찰의 정보기관 '범정'(범죄정보기획관실)은 기능과 역할을 더 확대 강화했다. 독재시대에 자행됐던 '공안통치'가 '검찰통치'로 부활하고 있는 중이다.

삼권분립은 무너지고 무소불위의 수사권과 기소권 앞에 검찰권력을 반대하는 개인과 시민사회는 잡아 가두고 벌주어야 할 대상이 되어버렸다. 바야흐로 검찰독재 시대가 개막됐다.

정부도, 정치도, 사회도, 심지어 경제까지 검찰이 휘두르는 포폄褒貶의 잣대로 결정된다. 국민의 인권은 짓밟히고 행정의 전문성은 가볍게 무시된다. 정치는 기능을 잃고 표류하며 검찰수사의 칼날에 위협당하고 있다. 2023년 대한민국 모든 적폐의 중심에는 검찰이 자리 잡고 있다.

이제 민주공화국의 삼권분립은 삼권통합을 꿈꾸는 검찰의 작두에 위태롭게 목을 걸고 있다.

검찰은 본래의 직분을 망각한 채 존재의 가치마저 스스로 변질시켜버렸다. 국민을 위해 복무하는 검찰이 아닌 국민을 통치하는 검찰이 된 것이다.

검사는 임용될 때 소위 '검사선서'라는 것을 한다.

"나는 이 순간 국가와 국민의 부름을 받고 영광스러운 대한민국 검사의 직에 나섭니다. 공익의 대표자로서 정의와 인권을 바로 세우고 범죄로부터 내 이웃과 공동체를 지키라는 막중한 사명을 부여받은 것입니다. 나는 불의의 어둠을 걷어내는 용기 있는 검사, 힘없고 소외된 사람들을 돌보는 따뜻한 검사, 오로지 진실만을 따라가는 공평한 검사, 자신에게 더 엄격한 바른 검사로서, 처음부터 끝까지 온 힘을 다해 국민을 섬기고 국가에 봉사할 것을 나의 명예를 걸고 굳게 다짐합니다."

지금 검사는 공익의 대표자인가? 검사는 정의와 인권을 바로 세우고 있는가? 검사는 범죄를 저지르지 않고 이웃과 공동체를 지키고 있는가?

검사의 사명은 오명으로 얼룩져버렸다. 불의와 싸우는 용기는 사라지고 정의를 덮고 힘없고 소외된 사람을 압제하는 만용의 검사가 판을 친다.

공익이 아닌 조직의 이익을 따르는 검사, 자신들에게만 한없이 인자한 검사, 국민보다 수구를 지키는 검사, 국민이 위임한 공적 권력을 국가폭력으로 악용하는 검사들이 '검사선서'를 비웃고 있다. 그로 인해 선량한 검사의 명예는 땅에 떨어지고 이제 척결의 대상이 되어버렸다.

대한민국의 검찰은 본래의 기능을 상실한 '가짜 검찰'이다. 이 '가짜 검찰'을 진짜 검찰로 바꾸지 않고서는 결코 대한민국

의 미래 발전은 없다. 아직 끝나지 않은 검찰개혁의 사명감이 책을 집필한 두 번째 이유다

일제의 압제에 목숨을 걸고 독립운동을 한 선열이 없었다면 대한민국 광복은 없었다. 독재의 압슬을 두려워하지 않은 민중의 용기가 없었다면 민주화는 이루어지지 않았다.

나는 지금 독립운동을 하는 마음으로 민주화를 위해 투신해 온 열사들의 각오로 이 책을 쓴다. 역사에 진실의 작은 일획일점이라도 찍어두고자 하는 것이 마지막 세 번째 책을 쓰는 이유다.

내 작은 용기가 성마르고 강팍한 시대에 올바른 법과 정의를 지키는 흔적이라도 되었으면 좋겠다. 무엇보다 어쭙잖은 생각이 책으로 엮어지기까지 문장의 토씨 하나하나까지 세세하게 다듬고 고쳐주신 더봄출판 김덕문 대표님과 편집부에 감사드린다.

법조인 전병덕

차례

"왕이 국가를 위태롭게 하면
갈아치워 다른 사람을
왕으로 앉혀야 한다."

_맹자

| 1부 |

대장동 사건과
검찰 카르텔

윤석열 정권은
검찰공화국

검사 출신이 대통령이 될 수 있는가? 그렇다. 될 수 있다. 그러나 대통령이 마치 검사처럼 국가를 통치해서는 안 된다. 대통령은 민주주의의 기치 아래 국민을 위해 일하는 지도자이다. 그러니 단순히 법을 집행하기 위한 존재가 아니라는 말이다.

법이 존재하는 이유는 국민을 위해서다. 국민이 법을 위해 존재할 수는 없다. 이 간단명료한 상식이 지금 대한민국에서는 통용되지 않고 있다. 지금 대한민국은 주객이 전도된 주권재민主權在民이 아닌 주권재검主權在檢의 나라다. 즉 주권이 국민에게 있는 것이 아니라 마치 검찰에 있는 나라처럼 되어버렸다. 다시 말해서 민주주의의 본령과 기치가 무색한 검찰 통치의 나라가 되어버렸다.

윤석열 대통령은 취임 1년여 만에 대한민국을 검찰통치 국가로 전락시켰다. 철의 장막이나 죽의 장막이라는 말처럼, 지금 윤석열 대통령은 검찰의 장막으로 스스로를 에워싸고 있다. 대통령을 보좌하는 대통령실은 지난 시절 검찰청을 옮겨놓았다고 해도 과언이 아닐 만큼 윤석열 대통령의 검사 시절 부하들로 득시글거린다. 정부를 이끌어가는 각 부처 요직에는 법복 벗은 검사들이 요소요소에 배치돼 행정부를 쥐락펴락하고 있다.

여기도 검찰, 저기도 검찰. 오호통재라! 검찰에 의한 검찰을 위한 검찰의 나라! 이것이 대한민국의 현주소다.

검찰 출신들이 비범하고 똑똑하여 그랬다고 목에 핏대를 세우면 할 말이 없다. 하지만 지금까지 그 검찰 출신들의 행태를 보면 국민의 안전과 국가의 미래발전보다는 전 정권과 야당을 때려잡는 일에만 몰두하고 있는 것 같다.

윤석열 정권은 임기 시작과 동시에 야당과의 전쟁을 선포했다. 자신과 겨뤘던 대선경쟁자이며 현 국회 제1당 대표인 이재명 죽이기로 정권을 개시했다. 물론 법을 어겼다면 때에 상관없이 그게 누가됐든 법의 심판을 받는 것이 참으로 마땅하다. 법치는 누구에게나 공정해야 하며, 무릇 그것이 곧 법의 정신이자 가치다.

공정의 사전적 의미는 일을 시무始務함에 있어서 공평하고 올바른 집행을 뜻한다. 그러나 윤석열 정권이 보여주고 있는 법치의 시무는 불행하게 공평하지도 올바르지도 않다. 목적이 불순하면 과정도 불순할 수밖에 없다. 이보다 더 큰 문제는 불공정한 법치의 시무를 윤석열 정권이 전혀 인식하지 못하고 있을 뿐만 아니라 오히려 자신들의 불공정을 정의로 착각하고 있다는 점이다. 인식과 행동이 다른 상태를 심리학에서는 '인지부조화'라고 한다. 스스로 잘못을 인지하지 못하는 것은 실로 무섭고 심각한 정신병리 현상이다.

이는 우리가 경각심을 가져야 할 중요한 지점이다. 지금까지의 인류역사에서 국민과 국가를 파멸의 구렁텅이에 빠트린 대부분의 전체주의는 이와 같은 '인지부조화'에서 출발했기 때문이다.

이쯤 되면 반론이 있을 수 있겠다.

"윤석열 정권이 불공정한 법치를 자행해 왔다는 증거 있어?"

물론 있다. 아주 많다. 말 나온 김에 과연 윤석열 정부의 법치가 공평하고 올바르게 행사되어 왔는지, 아니면 자기들 입맛대로 망나니 칼춤을 춰왔는지 한번 따져보도록 하자.

시비를 가리기 이전에 밝혀두고 싶은 게 있다. 윤석열 정권이 야당과 전 정권 인사들에 자행한 모략에 가까운 법질서 문란행위는 일일이 열거하기도 힘들거니와 그것만으로 책 한 권을 써도 모자랄 지경이다. 그러니 서론에서는 가볍게 패스하기로 하겠다. 다만 도저히 그냥 넘어가기 힘든 것 중 대표적인 사례를 몇 가지만 간추려보도록 하겠다.

첫째, 법치의 불공정성이다.

윤석열 정권의 정적에 대한 수사는 혀를 내두를 만큼 집요하다. 반면 여권과 대통령 측근을 향할 때면 오뉴월 땡볕의 멍멍이처럼 혀를 길게 내빼고 흐물흐물 늘어져버리고 만다. 내로남불이라는 시쳇말은 윤석열 정권이 연출하고 있는 만행에 가까운 법 집행에 비하면 숫제 낭만적이고 감상적이기까지 하다.

윤석열 정권은 부끄러움이나 죄책감 따위는 1도 없이 오히려 당당하고 뻔뻔하기까지 하다. 그 뻔뻔하고 철면피한 작태를 누구보다 앞장서서 시연하고 있는 사람이 바로 윤석열 정권의 법 집행을 총괄하는 법무부 장관 한동훈이다.

한동훈은 2020년 '검언檢言 유착' 의혹 수사 과정에서 불거진 휴대전화 비밀번호 비공개 사건의 당사자다. 당시 범죄 의혹이 담겼으리라 추정되는 자신의 핸드폰 비밀번호 해제를 끝까지 거부했다. 그런데 구린내로 똘칠한 자신의 허물은 축농증 걸린 코맹맹이처럼 느끼지 못하는 모양이다. 국무위원의 본분도 망각한 채, 언론 앞에서 무식한 궤변을 떠벌리는 정치 놀음에만 열중해 있다.

서커스 판의 원숭이에게 관객이 포복절도하는 이유는 흉

내를 잘 내서 그런 것이다. 원숭이 자체가 웃겨서 웃는 건 결코 아니다. 그런데 사실 한동훈 법무부 장관은 좀 웃기기도 하다. 인내심을 갖고 찬찬히 그의 말을 들어보면 무척이나 고급지게 무식하기 때문이다.

아직 정치인도 아니면서 소위 '정치질'을 좋아라하는 일개 법무부 장관께서는 정치인의 말과 행동은 반드시 부메랑이 되어 자신에게 되돌아온다는 사실을 잊지 마시길.

그가 정치인이 아니라고? 그렇다면 정치인 흉내를 아주 잘 내고 있다고 해두자. 그래서 웃긴다. 작작 좀 웃겼으면 좋겠다.

둘째, 법 적용의 불공정함이다.

윤석열 대통령 자신의 처갓집 사건에 대한 검찰의 봐주기 의혹 수사와 법 적용만 봐도 그렇다. 검찰은 대통령 장모님 사건에 연루된 범죄와 의혹에 대해 가히 권력형 비리범죄 수사의 전형이라 할 만큼 새롭고 파격적이며 담대한 법 적용을 시전했다.

고등학생에게 수여된 사립대학교의 표창장 위조 의혹 등에 당차게 7년형 구형을 때리신 검찰이다. 그런데 명백하게 드러난 은행통장 잔고 위조라는 대통령 장모님의 금융사기에 대해서는 애개, 겨우 1년을 구형했다.

이는 힘없이 대가리만 커서 죄만 가득한 사기꾼들이 찬양해마지 않을 위조사기의 경중을 새롭게 규정한 대한민국 검찰의 쾌거라 아니할 수 없다. 법조인의 한 사람으로 단언컨대 대한민국 법 역사에 반드시 기록될 것이다.

셋째, 검찰의 편파수사다.

이재명 대표의 대장동 사건을 수사하면서 400여 회에 이르는 압수수색을 벌인 검찰은 똑같은 대장동 사건으로 50억 원 수뢰혐의가 드러난 곽상도 전 의원에게는 어물쩍 넘어가는 수사로 무죄를 갖다 바쳤다. 이와 함께 박영수 전 특검 수사는 엿가락처럼 질질 늘이면서 구속영장 기각을 획책하더니 분노한 여론에 떠밀려 휴대폰을 망치로 박살낼 증거인멸의 시간을 넉넉하게 제공한 후에야 마지못해 구속했다.

검찰의 덮어주기 쇼를 진행할 무대 셋업은 끝났다. 어쩌면 두 전직 검사들께서는 근엄한 표정 관리로 재판에서 법원이 발행할 약속된 면죄부를 흐뭇하게 기다리고 있을지도 모를 일이다.

짜장면을 시켜 먹어가면서까지 여고생의 일기장을 압수수색하던 불요불굴의 변태적 투지를 보여준 검찰이다. 본인은 물론 3족을 멸할 듯 부모와 형제, 아내와 자식 3대를 잔인하게 짓이기면서 초토화 수사를 벌인 검찰이다. 만약 그런 기개로 처음부터 곽상도·박영수 두 피의자를 조사하고 수사했더라면 과연 무죄판결과 구속 영장이 기각될 수 있었을까?

검찰의 제 식구 감싸기는 어제오늘의 일이 아니다. 역대 정권을 막론하고 무시로 자행되어 온, 늘 그래왔던 관례였다. 검찰이 어떤 숙련된 노하우로 눈 가리고 아웅하는 식의 수사를 연출해 오셨는지 그 매뉴얼에 대해 잠시 살펴보고 가자. 여기저기 언론 등에 보도된 내용을 독자들께 소개하면 대략 아래와 같다.

먼저, 수사과정이 문제가 되어, 혹시 나중에 있을지 모를 특검 따위가 조사할 뒤탈을 미연에 방지하는 차원에서 관련자 수사기록을 법망이 피해갈 수 있게끔 꼼꼼하고 착실하게 마사지해 둔다. 법으로 밥 먹고 사는 법꾸라지 검찰에게는 이쯤이야 일도 아닐 터다.

이와 함께 봐주기로 내정한 피의자의 범죄 의혹을 입증할 주요 증거인 계좌추적 조회 기간을 최대한 짧게 잡는다. 동시에 기소를 질질 끌어 핸드폰을 망치로 박살내는 등의 증거를 인멸할 시간적 여유를 충분히 제공한다. 마지막으로 수사과정에서 드러난 여러 혐의 중에서 경미해 보이는 놈으로 딱 골라 기소거리를 맞춰둔다. 아! 정치하고 치밀한 프로페셔널의 진수라 하지 않을 수 없다.

그 다음에 두루뭉술한 공소장으로 기소를 때린다. 검찰은 기소 행위만 중요하지 대중이 기소의 내용에는 별 관심이 없다는 사실을 무수한 경험칙으로 정확하게 인지하고 있다. 대개의 경우 기소와 함께 특별 이벤트를 벌인다. 흔히 근엄하고 준엄한 표정을 연출하면서 버라이어티한 언론플레이를 병행한다.

재판은 가능한 한 조용히 소리 소문 없이 속전속결로 치른다. 물론 기자에게 충실하게 제공해오던 빨대짓은 경건한 마음으로 삼간다. 마지막 세리머니로 법원은 검찰의 하나마나한 공소장과 구형에 따라 깃털처럼 가볍고 가소로운 솜방망이를 사뿐사뿐 두드린다.

이러한 검찰의 면죄부 발행을 위한 수사와 기소는 '공짜 주식' 의혹 사건의 진 아무개 검사장에게 무죄를 창제하시고, 강원랜드 채용비리 사건으로 떠들썩했던 검찰 출신 권 아무개 의원의 혐의를 무죄로 갈음하시었으며, 별장 성접대 사건으로 온 국민을 공분에 떨게 했던 김 아무개 법무부 차관에게 백주 대낮에도 꼿꼿이 얼굴 들고 다닐 수 있는 무죄의 철가면을 제공하시었다. 그리고 근자에 들어서는 부장검사 출신으로, 대장동 50억 클럽 의혹의 주인공인 우리의 곽상도 전 의원이 널리리 맘보 무죄만세를 목청껏 외치고 있는 중이다.

이렇듯 검찰의 쇼는 세부적이며, 절정과 반전까지 철저히 계산된 땀과 정성이 담긴 한 편의 드라마다.

통속하고 진부한 유행가 가사처럼 검찰의 쇼는 끝이 없다. 아니 지금, 독자가 책장을 넘기는 이 순간에도 하염없이 진행 중이다.

검찰에게 안으로 폭탄주 돌리던 의리로 다져진 면죄부 발행쇼가 있다면 밖으로는 무자비하고 살벌한 호러쇼가 있다.

정말 죄가 없어도 찍히면 죽는가? 그렇다. 거의 다 죽었다. 검찰은 죄가 없으면 사돈의 팔촌까지 탈탈 털어 죄를 만들고, 없는 증거도 만들어 내는 창조주의 권능을 유감없이 발현해 왔다.

오죽하면 찍힌 당사자가 이렇게 울부짖겠는가?

"차라리 나를 고문하라!"

대장동 사건의
발원이자 진앙은?

현재 그 처절한 호러 픽처쇼의 대표작이 바로 민주당 이재명 대표의 대장동 사건이다. 죄가 없으면 당당하라는 말은 위대한 대한민국 검찰 앞에선 통용될 수 없는 가소로운 레토릭이다.

이재명 대표에 대한 대장동 사건 의혹 대부분은 현 여권이 집권했던 시기에 벌어져 검찰의 캐비닛에서 고이 먼지를 뒤집어쓴 채 잠자고 있던 사건이다. 그런데 까라면 무조건 까고 마는 검찰의 상명하복 정신은 단군 이래 최대, 최고의 공권력을 동원하여 불철주야 무대뽀 정신으로다가 2년이 되어가도록 이 잡듯이 수사를 강행하고 있다.

이쯤 되면 검찰 기획 초대형 블록버스터 대장동 사건이 도대체 무엇이기에 이처럼 천지사방으로 낭자하게 피를 튀기고 있는지 궁금하지 않을 수 없다.

소위 말하는 대장동 사건의 시작은 지금으로부터 어언 20년 전이다.

현 국민의힘 전신이었던 한나라당 정권에서 여권과 공무원들의 비리로 얼룩진 사건이다. 시작은 매우 단출하다.

20년 전으로 필름을 되돌려보자.

성남시는 대장동 지역 내 128만m^2 부지에 신도시 개발계획을 공표했다. 그러나 이 대단위 개발계획이 도면도 그려지기 전에 착착 고춧가루가 뿌려졌다. 개발계획에 대한 정보가 사전 유출됐기 때문이다. 그 범죄자들은 바로 성남시에 기생하던 토착 공무원들이었다.

이들은 정보를 악용하여 맹지에 가까운 땅을 껌값으로 사들인 뒤 풍선껌처럼 땅값을 부풀려 그 차익으로 대대로 풍요로운 삶을 획책했다. 이 사건으로 공무원 22명이 포승줄에 묶이고 말았다. 대장동은 출발부터 부패한 돈 비린내를 폴폴 풍겼다.

공무원들의 감옥행으로 대장동 개발이 무산된 듯 싶었지만 이미 돈 냄새에 취해버린 야차들은 결코 포기를 모르는 끈기와 성실함으로 역경을 딛고 다시 일어섰다.

2008년 7월 LH는 개발 면적을 91만m^2로 대폭 줄여 성남시에 대장동 공영개발 제안을 발표했다. 그런데 여기서 잠깐! 왜

LH는 1차 계획 128만㎡보다 개발 면적을 확 줄였을까?

그 이유는 100만㎡ 이하의 도시개발은 자치단체장의 권한으로도 사업 지정이 가능했기 때문이다. 당시 국토교통부의 승인을 피하기 위한 편법이라는 설이 파다했다. 쉽게 말해 자기들끼리 눈 맞으면 중앙정부와 상관없이 곧바로 짝짜꿍이 실현될 수 있기 때문이라는 것이다. 물론 당시 성남시장은 한나라당 출신 이대엽 씨였다.

그런데 여기서 반전의 드라마가 펼쳐진다. LH가 뜬금없이 입장을 바꿔버린 거다.

그 이유는 바로 우리의 절대 그런 짓 따위를 할 리가 없는 이명박 각하의 엄중한 말씀이 하달된 까닭이라고 많은 언론들은 전하고 있다. 사적 이익 따위에는 전혀 관심이 없었던, 결코 그럴 분이 아니었던 각하께서 민간이랑 경쟁하지 말라는 엄명이 있었다고 하는데……. 아무튼 이 한마디에 LH는 대장동 밥그릇에 꽂았던 숟가락을 고이 접어 사업을 포기해버렸다는 것이다.

그때부터 기회는 찬스라고, 개발이익에 눈독을 들인 민간개발업자들이 먹이를 앞에 둔 맹수들처럼 달려들기 시작했다.

이와 함께 공영개발로 묶여 있던 대장동을 민영개발로 전환하기 위한 한나라당의 프로젝트가 시동을 걸었다. 실제로 당시 한나라당의 지역구 국회의원이었던 신 아무개 의원의 친

동생과 LH 본부장 등이 민간개발 업자들에게 수억 원의 뇌물을 수뢰한 비리가 들통나기도 했다.

이 사건에 관련된 9명은 결국 형사 처분을 면하지 못했다. 그런데 이 중요한 시기에 또 하나의 중요한 사건이 함께 터지고 마는데, 바로 그 유명한 부산저축은행 불법대출 사건이다.

부산저축은행 불법대출 사건과 대장동 사건이 무슨 연관이 있는 걸까?

부산저축은행 불법대출 사건은 대장동 사건을 이해하는 데 있어 가장 핵심 사건이다. 그런데 무슨 까닭인지는 모르지만 조용히 잊히고 있다.

무릇 콩 심은 데 콩 나고 팥 심은 데 팥 나듯, 부산저축은행 불법대출 사건의 씨앗이 대장동 사건을 무성하게 피워냈다. 부산저축은행 불법대출 속에 대장동 일당의 불법대출이 숨어 있었던 것이다.

대장동 사건은 부산저축은행 불법대출로 시작되고, 진행되고, 완성됐다. 돈도 사람도 그들끼리 촘촘하게 엮인 인맥도 부산저축은행 불법대출 사건이 그 발원이며 진앙이다.

현재 대장동 사건의 핵심이라고 지목된 인사들 대부분이 부산저축은행 불법대출 사건의 일당들이기 '때문'이다.

더 중요한 사실은 이 일당들이 불법을 저지르고도 살아났기 '때문'이다.

명백한 범죄에도 살아날 수 있었던 결정적 요인은 범죄를 덮어버린 검찰이 있었기 '때문'이다.

이 '3연타 때문' 안에 대장동 사건의 시작과 끝이 있다.

무릇 원인이 있어야 결과가 있는 법이다. 지금까지 검찰과 언론은 원인을 제쳐두고 결과를 두고서만 쫒고 까불어 왔다. 뿌리 깊은 나무는 바람에 아니 흔들린다는 세종대왕의 어제御製도 있을진대, 무성한 잎사귀만 보고 지나가다 똥 싸고 오줌을 눈 나그네만 찾는 얼토당토않은 부작위만 연출해 왔던 것이다.

아프면 병의 원인을 찾아야 한다. 뇌종양 걸린 환자에게 '맞다 게보린'만 복용시키는 것은 결코 올바른 처방이 아니다. 아니 그런 돌팔이는 호되게, 아프게 맞아야 한다.

그렇다면 무슨 이유로 철두철미하기 이를 데 없는 검찰영 감님들께서는 부산저축은행 불법대출사건에서 대장동 일당들의 불법대출에만 관용과 자비의 은전을 베푸셨던 것일까?

부산저축은행 사건과
윤석열 검사팀

여기서 독자 제위들의 이해를 돕는 차원에서 부산저축은행 사건에 대해 잠시 친절한 설명을 덧붙이겠다.

부산저축은행은 과거 국내에서 가장 큰 상호저축은행이었다. 한때 제2금융권의 선두 주자로 웨이트와 간뎅이를 키우더니, 수도권까지 올라와 대장동 개발사업과 같은 특수 PF에 불법대출을 시작했다. 왜? 불법대출을 통해 관계자들이 천문학적 커미션을 챙길 수 있었기 때문이다. 고객의 돈을 자기 주머닛돈처럼 꿔주고 삥땅까지 쳐대니 그 은행이 온전할 리가 없었을 것이다.

그렇게 투기꾼들에게 막대한 거금을 빌려주다 보니 악성채권이 생기는 것은 불문가지. 결국 고객의 예금액을 지급하지 못할 정도로 경영이 악화되었다. 이로 인해 실제 3만 8,000여

명의, 저축을 잘한 죄밖에 없는 착실한 고객이 6268억 원의 막대한 손해를 입었다. 금융위원회는 2011년 2월 17일 부산저축은행에 대해 영업정지 명령을 내리고 부산지방법원은 다음 해인 2012년 8월 16일 파산을 선고했다.

당연히 검찰은 부산저축은행그룹 불법대출과 비리에 전면적인 수사를 진행하여 회장 박연호를 비롯하여 총 76명을 기소했다. 그때 수사를 전담했던 곳이 피의자의 자살을 여러 건 만드셨던 공포의 대검찰청 중앙수사부였다. 133명의 수사 인력을 동원하여 피조사자 연인원 3,387명, 기소자 연인원 117명인 당시 최대 규모의 금융비리 수사를 벌였다. 역시 귀신도 잡아내는 중수부답게 금융사기꾼들에게 철퇴를 가한 것처럼 보였다.

땅! 땅! 땅!

이로써 끝난 것인가?

그랬다. 실제로 이렇게 끝났다. 그런데 이렇게 끝나면 안 될 일이었다. 무엇이 안 되는데? 법의 준엄한 심판을 받은 사람들 중에 '대장동 일당'들만 마치 면도칼로 도려낸 듯 쏙 빠져 있었기 때문이다.

거짓말! 어떻게 그런 일이 가능했을까?

사건의 이해를 돕기 위해 다시 당시로 잠깐 돌아가 보자.

먼저 팩트 하나. 당시 부산저축은행 부실대출 수사의 주임

검사는 현재의 윤석열 대통령이었다.

팩트 둘, 수사팀은 부산저축은행과 얽힌 각종 비리를 밝혀 냈지만 '대장동 사업 대출' 관련 혐의는 무슨 이유에서인지 들추지 않았다.

팩트 셋. 대장동 관련 1155억 원 불법 대출에 따른 박연호 회장 배임 가능성과 10억 원이 넘는 불법 알선수재 혐의의 조우형 씨는 기소되지 않았다.

기억하라. 기소되지 않았다는 것은 죄가 없다고 판단했다는 뜻이다.

누가 그렇게 판단했냐고? 당시 윤석열 검사가 주임으로 있던 수사팀이다!

자, 그럼 이 세 가지 팩트로 부산저축은행 대장동 부실대출 사건을 하나씩 짚어보도록 하자. 당시 수사팀은 박연호 회장을 부당대출 배임혐의로 기소하고, 현미경처럼 관계자인 건축사사무소 임원의 1억 원 알선수재 혐의까지 찾아 기소했다.

그런데 검찰의 꼼꼼한 기소 명단에 눈을 비비며 살펴봐도 무려 1155억 원을 불법으로 대출한 대장동 사건에 대한 흔적은 없다. 또한 현재 천화동인의 6호 소유주로 혐의 받고 재판을 진행 중인 조우형 씨의 불법알선 수재혐의 역시 쏙 빠져 있다. 그러나 같은 사건으로 조우형 씨는 2015년 알선수재 혐의로 구속 기소돼 징역 2년 6개월을 언도받았다. 당시 윤석열 주임 검사팀은 4년이 지나고 나서도 찾을 수 있었던 명백한 범죄를 '못' 찾아내고야 말았던 것이다.

우리의 '수사왕' 윤석열 주임 검사팀이 수사를 제대로 하지 않았다는 빼도 박도 못하는 증거다.

윤석열 검사팀은 무슨 이유로 1억 원 알선 수뢰혐의까지 물고 늘어져 패죽일 듯 기소하면서 그 열 배나 되는 10억 원이 넘는 불법 알선수재 혐의의 조우형 씨는 '혐의 없음'으로 풀어줬을까?

묻고 싶다. 정말 그 답을 듣고 싶다.

당시 조우형 씨가 박연호 회장의 인척이었다는 것은 이미 수사과정에서 밝혀진 사실이었다. 그런데 정말 이해할 수 없는 일은 불법대출 알선혐의자 조우형에 대한 계좌추적도 하지 않았다는 사실이다. 검찰 수사에서 혐의점이 발견되면 계좌추적을 하는 것은 기본상식이다. 그런데도 수사의 베테랑이라 자부하던 우리의 윤석열 검사팀은 조우형 씨를 피의자가 아닌 참고인으로 불러 계좌추적도 없이 조사하는 시늉만 하고 설렁설렁 사건을 끝내버렸다. 그리고 박연호 회장의 6차례가 넘는 기소 내용 중에서 물경 1155억 원 대장동 불법대출 배임 혐의만 빼버렸다.

그렇다면 대장동 일당의 대출이 불법대출이 아닌 정말 지극히 정상적이고 합법적 대출이라 그랬던 것은 아닌가 하는 의문이 들 수도 있겠다. 과연 그런가?

부산저축은행이 대장동 일당에게 대출해 준 돈은 1155억 원이다. 그냥 1~2억 원이 아니다. 도저히 모르고 지나갈 수가 없는 어마어마한 액수다. 당시 수사 선상에 오른 다른 부당대출 건과 비교해 봐도 그 액수와 규모가 작지 않다. 또한 대출 과정에서 박연호 회장의 인척이자 브로커인 조우형 씨가 불법으로 대출을 알선하고 10억 원이 넘는 돈을 수수했다는 증거는 차고 넘쳤다. 이와 함께 부산저축은행 또한 불법대출을 대가로 100억 원가량 대출 알선료를 살뜰히 챙겼다. 그리고 이 모든 과정에서 대출심사에 제출해야만 하는 증빙자료는 제출되지 않았다. 대출심사도, 담보도 없었다.

자, 이처럼 명백한 불법 정황들이 묻혀버렸다. 누구에 의해? 윤석열 검사가 주임으로 수사를 지휘하던 수사팀이 그렇게 수사를 했다.

중요한 점은 대장동 대출 규모와 유사한 다른 부당 대출과 관련해서는 특정경제범죄 가중처벌 등에 관한 법률(특경법)에 따른 배임혐의가 꼼꼼하게 적용되어 모조리 기소됐다는 점이다.

자, 독자 제위께서는 이 모든 사실이 정당하고 합법적인 수사로 보이시는가? 그런데 도대체 무슨 이유로 다른 불법 대출은 1억 원짜리 알선 수수혐의도 속속들이 찾아내 기소를 때리면서도 명백한 근거와 증거가 차고 넘치는 대장동 불법대출은 기소를 하지 않았던 것일까?

진실은 드러나기 마련이다.

부산저축은행 불법대출의 핵심인사들은 지금 대장동 사건의 핵심인사들과 동일 인물들이다. 2009년부터 2010년까지 부산저축은행 사건 핵심관련자 남욱과 정영학 그리고 이 과정에서 불법대출을 한 장본인 조우형은 천화동인 6호 소유자로 지목받고 있다.

공교로운 것인지 아니면 우연의 일치인지 당시 조우형의 변호인은 지금 대장동 사건 50억 클럽의 주인공 박영수 전 국정농단 의혹사건 수사 특별검사다. 그리고 당시 윤석열 검사는 당시 서초동 법조계에서는 박영수 특검의 직계라인으로 분류됐다.

윤석열 검사가 박근혜 정부와 맞짱을 뜨다 한직을 전전하며 뺑이를 칠 때 박근혜 특검으로 불러들인 사람도 박영수 특검이다. 결과론이지만 박영수 특검의 은혜를 발판으로 윤석열 검사는 문재인 정부에서 승승장구하고 이후 검찰총장까지 될 수 있었다.

차마 무시할 수 없는 분명한 사실은, 앞서 언급한 바대로 또렷한 범죄혐의가 있었음에도 불구하고 조우형은 참고인 조사만으로 가볍게 방면되고 불법대출 혐의는 조용히 묻혀버리고 말았다는 사실이다.

만약 이때 민간개발에 앞장섰던 일당들이 부산저축은행으로부터 1155억이라는 거금을 불법대출 받은 사실이 공명정대한 수사를 통해 법의 심판을 받았다면 현재 문제가 되고 있는 대장동 사건은 일어날 수 없었다. 다시 말하면 검찰의 부실수사, 덮어주기 수사가 대장동 사건을 만든 씨앗이 된 것이다.

이렇듯 검찰의 친절하고 도타운 배려로 탄생한 화천대유는 훗날 박영수 특검과 곽상도 전 의원, 그리고 여권 실세들이 줄줄이 연계된 50억 클럽을 탄생시켰다.

대장동 사건의 진실을 밝히기 위해서는 반드시 그 뿌리를 파헤쳐야 한다. 그 뿌리는 검찰의 무능한 수사와 별개로 썩을 대로 썩은 전·현직 검찰 카르텔이다. 그리고 의혹의 중심에는 당시 주임검사였던 윤석열 전 검사, 현직 윤석열 대통령이 자리 잡고 있다.

거짓과 왜곡이 사실로 유포되는 경우는 허다하다. 검찰발 '논두렁 시계'가 그러하고, 국회에서 흔들어 대던 주 아무개 의원의 위조된 '100억 원 CD'가 그랬으며, 검찰이 덮어버린 BBK의 진실이 그랬다.

늘 진실이 이기는 것은 아니다. 거짓이 정의를 가로막은 역사는 허다하다.

이재명과
대장동 사건의 진실

　이제 검찰이 엮고 있는 또 다른 거짓의 역사 '이재명과 대장동 사건'의 진실이 무엇인지 실제 사실을 근거로 현장검증에 들어가 보자.

　이재명 대표가 대장동 사건에 합류하게 된 것은 정확하게 2011년이다.

　그 이전까지 여당이었던 한나라당은 대장동 공공개발을 막기 위해 실로 눈물겨울 정도로 사력을 다했다. 부당한 압력까지 동원하여 개발사업을 민간에 떠넘기는 일에 일로매진했으며, 강력한 여당의 힘을 앞세워 법안 개정을 발의했다.

　당시 민간개발업자의 사업 참여를 쉽게 하기 위한 한나라당 의원들이 발의한 법 개정안을 살펴보면 이렇다.

　이전까지는 부동산 투자회사의 설립 요건으로 100억 원의 자본금이 필요했다. 그런데 개정안은 회사 형태에 따라 50억 원만 있어도 가능하도록 하고 있다.

자본금만 반으로 뚝 깎아 주었을까? 그럴 리가!

여기에서 한 걸음 더 나아가 자본금 범위에 현물출자 재산의 범위를 확대했다. 쉽게 말하면 기존에는 현금과 부동산까지만 인정하던 자본금을 지상권, 임차권까지 포함하여 미래에 발생할 수익권까지 인정해 주는 법안을 만들었다.

이게 무슨 뜻이냐 하면 당장 돈이 없더라도 앞으로 생길 수익을 자본금으로 미리 인정해 준다는 말이다. 말인즉슨 땡전 한 푼 없어도 구비서류에 앞으로 돈을 잘 벌 거라는 가능성만 기재하면 사업에 참여할 수 있는 신세계가 열린 것이다. 한마디로 부동산 떴다방들에게 땅 짚고 헤엄칠 수 있는 여건과 기반을 마련해 준 셈이다.

이 법안의 공동발의 명단에는 현재 부동산 1타 강사로 자처하는 원희룡 국토부 장관이 떡하니 이름을 올리고 있다. 1타 강사, 아무나 할 수 없다.

각설하고, 정부와 여당이 법안을 발의하고 전술한 바와 같이 각하의 민간에 대한 따사로운 배려로 LH는 스스로 사업에서 손을 뗐다. 이제 무서울 것이 없다. 이미 손발을 맞춘 업자들끼리 컨소시엄을 구성하고 사업권만 손에 쥐면 되기 때문이다.

모든 것이 일사천리로 진행되는가 싶었던 그 찰나, 민간개발업자들의 야망의 불꽃에 치지직 소화기를 갖다 댄 사람이 있었으니, 그가 바로 새롭게 성남시장이 된 이재명이었다. 난데 없이 등판한 이재명 성남시장이 대장동 개발사업에 공공개발의 타당성을 검토하기 시작한 것이다. 성남시가 직접 개발하여 그 수익을 모두 가져오겠다는 당찬 계획을 세운 것이다.

그러나 그의 원대한 포부는 희망사항에 그치고 마는데, 가장 큰 이유는 힘도 재정도 없는 야당 시장이라는 현실적 난관 때문이었다. 재정을 틀어쥐고 있는, 한나라당이 장악하고 있는 시의회를 설득시키지 못하면 사업을 진행할 수 없었다. 게다가 이명박 정부와 여당은 공공개발을 막지 못해 사사건건 훼방을 놓고 있었다.

실제 당시는 부동산 경기가 어려울 때였다. 특히 아파트 분양시장에 대한 전망이 그리 낙관적이지 않은 상황에서 무모한 결정이라는 비판이 들끓었다.

누가 그렇게 비난했냐고? 물론 당시 한나라당 시의회와 여권의 인사들이었다.

하네 마네 사업이 끝도 없이 늘어지자 주변 땅값이 들썩이기 시작했다. 민간개발업자는 물론이고 지역민의 개발압력도 덩달아 커져만 갔다. 공공개발을 고집하던 이재명 시장은 장고 끝에 이른바 민·관 결합개발이라는 듣도 보도 못한 새로운 대안을 제시하기에 이르렀다.

개발로 돈을 무더기 벌어갈 민간의 이익을 줄이고 개발사업 이익을 성남시가 환수하여 신흥동 제1공단 공원화 사업에 투입하겠다고 전격적으로 선언한 것이다.

시장은 사업의 인허가권을 쥐고 있는 최종 승인권자다. 말도 안 되는 수작이라 길길이 날뛰던 여당과 의회 그리고 민간업자들은 눈물을 머금고 이재명 시장의 제안을 수용할 수밖에 없었다. 시장과 합의하지 않으면 다 된 밥에 코를 빠트릴 수 있었기 때문이었다.

이때 부산저축은행 불법대출 사건에서 살아난 남욱이 민간개발 시행사 대표로 컴백했다. 그리고 대장동 개발사업에 뛰어든다.

하지만 급하게 먹는 밥일수록 쉽게 체하는 법. 남욱은 2015년 수원지검 특수부에 구속 기소되는데, 그 사유가 대장동 사업을 민영개발로 바꿔달라는 로비 비용으로 8억 3000만 원을 받아 드셨다는 혐의였다.

여기서 짚고 넘어가야 할 점은 남욱이 기소 당시의 수원지검장은 강 아무개 검사장이었다는 점이다. 꼭, 기억해두자.

이 기소가 시사하는 바는 당시 대장동 사건 일당들이 마지막까지 성남시의 참여를 막으려 안간힘을 썼다는 점이다. 그런데 이번에도 놀랍게 남욱은 1, 2심에서 모두 무죄가 확정됐다.

세상에! 우연치고 참으로 공교로운 것은 그때 남욱을 변호한 장본인이 부산저축은행 불법대출 사건에서 조우형을 참고인 조사로만 끝내버린 불세출의 변호인 박영수 전 특검이었다는 사실이다.

더 놀랍고 믿기 어려운 사실이 이어진다.

명확한 불법 정황에도 살아남은 남욱, 그리고 부산저축은행 불법대출 알선 조우형, 이를 변호했던 박영수 특검과 조금 전 기억해두자고 말했던 강 아무개 수원지검장까지 모두 뜨거운 손을 맞잡고 만남의 장을 열었으니, 바로 대장동 개발사업의 자산관리사인 화천대유에서 한식구가 되었다.

피의자를 기소한 지검장, 피의자 변호인, 그리고 피의자가 대장동에서 다시 만났다. 뿐만 아니라 검찰을 총 지휘하던 전직 김 아무개 총장, 권 아무개 대법관, 그리고 여당의 실세 의원들이 화천대유라는 회사에서 한솥밥을 먹었다.

"형님 먼저 드시오, 대장동 돈! 아우 먼저 들게, 대장동 돈!"

권력의 실세, 언론과 법조인에 부동산 전문 브로커들이 손에 손을 잡고 법의 벽을 넘어서 부패와 타락의 화천대유라는 성을 쌓았다. 그리고 그 성을 지키기 위해 견고하고 막강한 검찰 카르텔이 배후에 버티고 있었다.

'검찰을 가까이 하려 함은 죄 짓고 벌 받지 않는 세상을 살려함이라.'

실로 찬검가가 아니 나올 수 없는 대목이다. 그리고 이 모든 은혜로운 은사를 지휘해 온 위대한 사도가 있었으니, 바로 대장동 사건의 몸통이자 법조계와 기자들이 칭송해마지 않던 우리의 '만배 형' 김만배 씨다.

그에 대한 혐의는 재판이 진행 중이니 잠시 접어두는 것이 옳을 것이다. 필자는 재판을 위해 수사기밀을 줄줄 흘리는 검찰과는 태생이 달라서 법을 지키고자 무척 노력하는 법조인의 한 사람임을 너그러이 해량해 주시길 부탁드린다.

방금 열거한 이 막강한 전·현직 검찰카르텔을 방패막이로 대장동 일당들은 드디어 대장동 개발사업권을 따낸다. 대장동 개발비는 대략 1조 5000억 원이었는데, '성남의 뜰'이라는 컨소시엄으로 구성된 특수목적 법인이 개발비를 투자하고, 성남시는 인허가권을 행사하는 대신 50%의 지분을 보장받기로 계약한다.

민간개발업자들 입장에서 보면 무척 속 쓰리고 아까운 일이었다. 하지만 인허가권을 무기로 배 째라며 뻗대는 이재명 시장을 굴복시킬 수는 없었다.

결국 대장동 개발로 성남시는 5503억 원이라는 막대한 이익금을 환수한다. 이재명 시장이 당시 정부여당의 외압에 굴복했다면 이 천문학적 돈은 민간개발업자들의 아가리로 통째로 들어가 50억 클럽이 아닌 500억 클럽이 만들어졌을지도 모른다.

　여기까지가 대장동 사건의 1탄이라면, 2탄은 개발이익을 두고 벌어진 그들만의 추악한 돈 잔치와 그 돈을 지키기 위해 불법을 방조하고 은폐했던 세력들이 자신들의 범죄를 이재명 대표에게 전가하는 제법 재미없는 드라마다.

대장동 개발이익의
실질적 수혜자

앞서 전술한 바와 같이 대장동 일당의 화천대유는 검찰의 무능한 수사 또는 암묵적 범죄 덮기 의혹으로 승승장구했으며, 그 검찰 출신들이 버젓이 이름을 올리고 있는 회사다. 그런데 국민들은 이 썩은 냄새 진동하는 화천대유가, 컨소시엄 지분도 쥐똥만큼 가진 회사가 어떻게 그 많은 배당금을 받았는지 자못 궁금할 것이다.

필자도 무척 궁금했다. 그래서 그 이유를 찾아봤다.

우선 화천대유라는 회사가 하는 일부터 알아야 복마전의 그림을 이해하기 쉽다. 화천대유는 김만배가 대장동 개발을 위해 설립한 자산관리사다. 자산관리사? 일반인에게 생소한 이름이다. 일단 여기서는 화천대유가 자산관리사라는 사실만 알아두자.

대장동 민간개발 사업을 위해서는 당연히 여러 기업들이 특수목적법인(SPC)을 설립한다. 부동산 도시개발계획을 할 때 통상적으로 여러 회사들이 모여서 법인을 만든다. 특수한 목적, 즉 개발계획이라는 목적을 위해서 만들어진 법인이다.

이 특수목적법인에 참여하는 기업 대부분은 금융투자회사다. 돈을 가진 금융회사, 이른바 은행, 증권, 보험사들이 모여 출자를 하고 출자를 한 만큼 지분을 갖는 구조다. 한 회사가 턴키로 맡지 않고 합작으로 컨소시엄을 구성하는 이유는 투자가 성공하면 좋겠지만 말 그대로 '투자'이다 보니 '손해의 위험성'을 줄이기 위해서다.

그런데 금융출자회사로 법인을 구성하다 보니 개발계획을 설계하고 실무를 담당하는 실무진이 필요하다. 앞에서 우리가 킵해 두었던 '자산관리사'가 바로 이 역할을 하는 회사다. 그러니 대장동 개발사업권을 따낸 '성남의 뜰'을 실무적으로 운영하는 회사가 화천대유가 된 것이다. 여기까지 오케이?

'성남의 뜰' 주주 구성을 보면 우선주와 보통주를 합친 지분율은 △성남도시개발공사(50.0%) △하나은행(14.0%) △KB국민은행·IBK기업은행·동양생명보험(각 8.0%) △SK증권(6.0%) △하나자산신탁(5.0%) △화천대유자산관리(1.0%) 등의 순으로 나타난다. 맨 마지막에 자산관리사인 문제의 화천대유도 꼽사리 끼어 있다.

언급한 대로 화천대유는 일을 진행하고 잔무도 보고 개발 사업의 진행과정을 맡아서 해 왔다. 실제로 컨소시엄에 참여할 기업을 모집하는 일도 화천대유에 의해 조직됐다고 한다. 전·현직 검찰 카르텔과 유착 관계이다 보니 실제로 금융회사 연결이 쉬웠을 것이다.

특히 박영수 전 특검께서 하나은행의 출자 결정 이전에, 우리은행을 접촉해 성사 단계까지 이르렀다는 사실이 대장동 일당의 녹취록으로 밝혀지기도 했다.

아무튼 대장동 일당은 '성남의 뜰' 컨소시엄을 구성하고 결국 대장동 개발 사업을 따냈다. 이후 운이 좋았는지 개발사업은 반등한 집값 상승과 아파트 분양 호경기로 소위 말해 초대박을 쳤다. 그리고 앞서 언급한 것처럼 개발이익의 반은 성남시가 제꺼덕 찾아갔다.

이제 반땡하고 남은 돈은 개발에 투자한 기업들이 착실하게 나누면 될 일이다. 그런데 개발이익을 나누는 일이 도둑놈들 장물 나누듯 '오야' 마음대로 가져가는 게 아니다.

투자단계에서부터 예상 수익을 상정하고 10원이라도 더 가져가려고 피 튀기며 싸우는 것이 컨소시엄의 이익 배분 방식이다. 따라서 철저하게 서로의 합의와 법적인 절차에 따라 배분방식을 결정한다.

돈 놓고 돈 먹는 투전판 세계에서는 의리도 선후배도 없다.

오히려 밑장을 잘못 빼다가는 손목이 날아간다. 그러니 법이 필요하고 법에 따라 사전에 그 배분을 문서로 확약한다. 그래야 나중에 딴소리가 안 나온다. 그래도 나오기는 하지만.

이제 다시 본론으로 들어가서, 현재 가장 큰 논란이 되고 있는 배당금 내역을 살펴보자. 가장 큰 의혹은 전체 지분의 6%밖에 안 되는 SK증권과 1%의 화천대유가 어떻게 4000억 원이 넘는 돈을 배당받았느냐이다. 일반 상식으로 도저히 납득이 안 가는 부분이기도 하다.

그런데 계약 당시, 그러니까 배분의 방식을 정할 당시의 부동산 시장을 살펴보면 왜 이따위 말도 안 되는 배당방식이 성립되었는지 조금 이해할 수 있다. 계약을 체결한 2015년에는 부동산 시장이 장기 침체로 향후 경기를 낙관할 수 없었다. 쉽게 말해 투자한 돈이 대박을 칠지 쪽박을 찰지 예상하기 쉽지 않았다는 말이다.

투자사들이 투자하는 데 있어 가장 중점을 두는 첫 번째 투자방식은 안정적인 투자금의 환수다. 투자기업이 이름은 은행과 보험, 증권사를 달고 있지만 쉽게 말하면 모두 고객의 돈으로 장사하는 업자들이다. 만약에 투자금의 본전을 못 건지면 그 손해는 고스란히 기업에게 전가된다. 그러다 보니 투자에서 투자금의 안정적 확보가 제1의 조건이자 원칙이다.

프로 도박사들은 결코 확률이 낮은 고배당에 돈을 걸지

않는다. 배당이 낮더라도 안정적인 곳에 투자한다.

'성남의 뜰' 컨소시엄 참여 기업들에게도 예외는 없었다. 그러다 보니 우선주주 하나은행 등은 사업연도별로 투자금액 액면금액의 연 25%를 배당받고 손을 털었다. 투자금도 찾고, 결과에 비해 적은 배당이 아쉽긴 하지만 안정적 투자와 환수로 제 몫을 챙겼다고 할 수 있다.

보통주를 갖고 있던 화천대유와 SK증권은 1종 우선주주 성남개발공사와 2종 우선주주 하나은행 등이 배당금을 다 챙겨간 뒤 이익이 남으면 나눠 갖는 방식을 선택했다.

투자에 대한 혜안일 수도 있고, 우선주주들에게 밀렸을 수도 있다. 그런데 대장동 개발사업이 천정부지 상종가를 치면서 화천대유와 SK증권이 초대박의 수익금을 나눠가지게 됐다. 정확하게 SK증권과 화천대유에 배당된 금액은 각각 3463억 원과 577억 원이다. 어매이징!

여기까지는 억지로 이해하자면 할 수도 있겠다.

독박의 리스크를 안고 쓰리고를 외쳐 피박, 광박에 따따블을 챙겼으니 역시 투기판의 타짜들이라고 넘어가고 싶다. 그런데, 목구멍에 걸린 가시처럼 '천화동인'이라는 회사가 갑자기 툭 튀어나와버렸다. 그렇지, '천화동인'이라는 회사가 있었지! 이 회사는 대체 뭥미?

화천대유의 배당금은 577억 원이다. 그런데 SK증권의 배당금은 화천대유의 다섯 배가 넘는 3463억 원이다. 그렇다면 사람들은 화천대유만 문제 삼고 왜 SK증권에는 의문을 던지지 않을까? 그 상관관계의 답이 바로 '천화동인'에 있다. SK증권이 투자하고 받아간 배당금이 SK증권으로 간 것이 아니기 때문이다.

SK증권에 갔는데 SK증권으로 간 것이 아니라고? 그렇다. SK증권이 성남의 뜰에 참여한 방식이 '특정금전신탁'을 통해 이뤄졌기 때문이다.

진도를 조금만 더 나가보자. 특정금전신탁이란 고객이 금융기관에 돈을 맡기면서 미리 약정을 하는 제도다. 대체 무엇을 약정을 할까? 돈을 맡긴 전주가 지목한 기업의 주식이나 채권, 부동산개발 따위에 금융기관이 대리해서 신탁 투자하는 약정방식을 '특정금전신탁'이라고 한다.

결론을 얘기하면 SK증권에 대장동 개발사업에 특정금전신탁을 지정한 업체가 바로 천하를 조화롭게 하기는커녕 오히려 천하를 어지럽히고 있는 '천화동인'이라는 회사다. 더 쉽게 말하면 SK증권은 천화동인을 대리해 대장동 개발사업에 신탁을 하고 그 수수료를 받은 것뿐이다. 그리고 그 신탁보수는 연간 700만 원 수준이었다. 1계좌당 100만 원인 셈이다. 결론적으로 우수리 떼고 3460억 원이라는 기절초풍할 돈이 최종적으로 흘러간 곳이 바로 천화동인이다.

자, 이제 거의 정리가 다 되어 간다.

이제 천화동인의 주주가 누구이며, 그들이 가져간 배당금이 얼마인지 알아보자. 그러면 의혹 덩어리 대장동 개발사업의 몸통을 알 수 있다.

천화동인과 검찰 카르텔,
그리고 부패백화점

천화동인 역시 7명의 주주가 있다.

그 순위는 형식상으로는 돈을 많이 낸 사람 순위다. 그리고 돈을 낸 만큼 배분도 높아진다. 1호는 화천대유 대표이자 구속된 언론인 출신 김만배 씨로, 약 1208억 원이다. 2호는 1호의 부인으로, 약 101억 원이다. 3호 역시 1호의 누나로, 101억 원이다. 4호는 앞에서 무수히 언급된 남욱으로, 1007억 원이다. 5호는 부산저축은행 불법투자 혐의에 연루되고 2015년에도 불법대출 혐의로 기소된 정영학 씨로, 644억 원이다. 6호로 혐의 받고 있는 인사는 부산저축은행 불법대출 알선으로 징역을 선고 받은 조우형 씨로, 282억 원이다. 마지막으로 7호는 또 '우리의 1호' 만배 형의 지인으로 121억 원이다.

우리의 1호 만배 형께서는 부인과 누나, 친구까지 살뜰히도 잘 챙겼다. 그리고 화천대유와 천화동인을 밀어주고 끌어주던 검찰 카르텔의 거두 박 아무개 전 특검과 강 아무개 전 지검장, 김 아무개 전 검찰총장, 권 아무개 대법관이 고문이라는 타이틀로 활약을 하시고, 여당의 실세 의원들이 흥청망청 그야말로 성대한 50억 파티에 참여했다.

자, 이제 정리하자. 지금까지가 팩트로 살펴본 대장동 사건이다.

시즌 1. 대장동 개발을 둘러싸고 국민의힘 전신인 한나라당을 비롯한 여권과 토착비리 공무원들이 하이에나처럼 몰려들었다. 자기들끼리 물고 뜯다 수갑 차고 감방 가서 대장동 개발이 표류된다.

시즌 2. 절대 그럴 분이 아닌 이명박 각하의 등장으로 대장동 공공개발은 무산되고 기회를 노린 민간투기꾼들이 몰려들어 아수라장을 만든다. 일당들은 부산저축은행으로부터 불법 대출을 받지만 차고 넘치는 명백한 증거에도 불구하고 무슨 이유에서인지 나쁜 놈 때려잡기를 폭탄주처럼 쉽게 말아 자시던 당시 윤석열 검사는 일말의 혐의도 밝혀내지 못한다. 그런데 알고 보니 일당들의 뒤에는 박영수 특검이 든든히 자리 잡고 있었으며, 박 특검과 윤 검사는 끌어주고 밀어주는 돈독한 친분을 과시하는 사이였다.

시즌 3. 이재명 시장의 민관 공동개발에 참여한 투기꾼 일당들이 '성남의 뜰'을 만들고 이유야 어떻든 간에 물경 4000억 원이 넘는 돈을 꿀꺼덕 삼켰다. 그런데 그 돈을 삼킨 회사화천대유와 천화동인은 전·현직 검찰 카르텔, 언론·정치 실세들이 집단으로 옹골차게 뭉쳐 있다.

시즌 4. 대장동 일당의 부산저축은행 불법대출을 밝혀내는 데 실패하고 결국 대장동 비리의 씨앗을 제공한 윤석열 검사가 대통령이 되자 우리의 눈치 빠른 검찰이 제꺼덕 나서더니 이재명 대표에게 그 모든 의혹을 덮어 씌웠다.

더 간략히 사실을 설명하면 이렇다.

"민간개발업자들이 몽땅 먹으려던 개발사업을 이재명 시장이 나서서 반대를 무릅쓰고 공공개발로 참여를 만들어 냈어. 그리고 개발이 대박을 쳐 5500억 원 이상을 환수했어. 그런데 나머지 돈을 나누는 과정에서 전·현직 검찰 카르텔의 비호를 받고 있는 화천대유와 천화동인이라는 회사가 아도를 쳤어. 근데 그게 수상해. 그래서 화천대유와 천화동인에 분명히 커다란 권력이 개입된 것 같아. 그러니 조사를 해!"

조사를 하려면 돈 먹은 자를 조사해야 한다. 돈 먹은 자를 비호하고 지켜준 자를 조사해야 한다. 그 돈을 가지고 있으며, 그 돈을 나누어 먹은 자를 조사해야 한다. 이것이 일반적 상식 아닌가?

누가 화천대유의 일당들을 살려주었고, 거기에서 나온 돈들이 어디로 흘러가서 흥청망청 사라졌으며, 그 돈을 받고 비리와 부패를 감싼 자가 누구인가를 찾아내면 간단한 일이다. 그런데 그 비리 혐의의 대부분이 현 여권과 관계된 인사들이고, 전직 검찰 출신들이다.

그리고 그 많은 돈은 지금 어디에 있단 말인가? 정말 궁금하다. 한두 푼도 아니고 그 큰 돈이 누구 수중에 있단 말인가? 검찰 전·현직 카르텔, 법조인과 정치인 그리고 언론까지 하나로 묶여진 부패백화점이 바로 대장동 사건인 것이다. 누가 뭐래도 그 중심에는 전·현직 검찰과 변호사라는 법조인이 버티고 있다.

부끄럽지만 필자 역시 법조인이다. 그리고 문재인 정부에서 불가사리 같은 검찰 권력을 개혁하는 일에 함께해 왔다. 현장에서 지켜본 검찰 권력의 위력은 모골이 송연할 만큼 가공할 위력이었다.

한때 모시던 조국 전 장관에 대한 난도질을 보면서 이대로 검찰 권력을 방치하고서는 대한민국의 미래가 망실되고 말 것이라는 절체절명의 위기감을 느꼈다. 또한 검찰의 회유, 강압 수사와 언론플레이에 의해 필자 역시 한순간에 언론으로부터 '가짜 변호사'로 낙인 찍히는 일도 겪었다. 쫓기는 사냥감을 향해 달려드는 사냥개들처럼 앞뒤 사실 확인도 없이 날카로운 이빨을 드러내는 기자들과 마주하면서 가슴이 오그라드는 공포감을 느끼기도 했다.

필자가 한국 검찰의 문제점을 굳이 지적하지 않아도 이미 검찰개혁의 시동은 걸렸다. 서초동 검찰청을 둘러싼 수십만의 촛불행렬을 보면서 정의를 향해 점화된 촛불은 결코 꺼지지 않는다는 믿음도 있다. 그럼에도 불구하고 어쭙잖은 생각을 갈무리해 검찰의 불법에 항거하는 이유는 법조인의 한 사람으로 문재인 정부에서 검찰개혁에 함께해 온 사람으로서 야만의 검찰시대에 대한 저항의 목소리를 남겨두고 싶어서다.

대한민국에서 검찰은 법을 지키지 않는 가장 강력한 집단이다. 대통령을 죽일 수 있을 만큼 큰 권력을 가진 집단이기도 하다.

육식 공룡이 되어버린 검찰을 제어하는 일은 결코 쉬운 일이 아니다. 특히 윤석열 정권 치하에서는 그 누구도 검찰에 맞서기 쉽지 않다. 정치권력도, 언론도, 기업도 검찰 앞에서는 언제 잡아먹힐지 모를 사냥감에 불과하다.

"검찰이 바로 서야 나라가 산다."는 말이 있다.

맞는 말이지만 실현 가능성이 없는 말이다. 검찰은 결코 스스로 바로 서지 않는다. 절대반지를 낀 권력의 속성이며, 이미 검찰은 스스로 권력에 취해버렸기 때문이다.

나는 "검찰을 바로 세워야 나라가 산다."라고 말하고 싶다. 그리고 검찰을 바로 세우는 일은 국민만이 할 수 있다. 나는 그 국민의 편에서 검찰을 똑바로 세우고 싶다.

국민의 한 사람으로, 끝까지 포기하지 않겠다.

그러나, 그러나 말이다. 모순된 말이지만 두렵지만 두렵지 않다.

두려운 것은 검찰과 언론이 일으킬지 모르는 소용돌이에 가족과 지인이 아픔을 겪을지 모른다는 사실이며, 두렵지 않다는 것은 그래도 진실에 대한 확고한 믿음 때문이다.

내 나약한 믿음의 근거를 나치에 저항한 마르틴 니묄러 목사의 말씀으로 갈음하며 1부를 마친다.

침묵의 대가

그들이 처음, 사회민주당원을 덮쳤을 때,

나는 침묵했다.

나는 사회민주당원이 아니었기에.

이어서 그들이 노동조합원들에게 왔을 때,

나는 침묵했다.

나는 노동조합원이 아니었기에.

이어서 그들이 유대인을 덮쳤을 때,

나는 침묵했다.

나는 유대인이 아니었기에.

이어서 그들이 내게 왔을 때

그때는 더 이상 나를 위해 말해줄 이가

아무도 남아 있지 않았다.

| 2부 |

의뢰인
유동규와
'가짜 변호사'
전병덕

대한민국
'법조시장'의 현실

변호사는 재판에서 법률적으로 피의자 또는 피고인을 돕는 사람이다.

검사는 법을 집행하는 사람이다. 검사의 정체성은 공정이다.

판사는 법에 따라 죄의 유무를 따져 판결하는 사람이다. 판사의 정체성은 '법대로' 정도 되겠다.

변호사, 판사, 검사를 일컬어 법조인이라고 한다. 법조인의 공통점은 '법'으로 '국민'을 상대하는 사람들이다. 여기서 한 가지 중요한 부분이 빠졌는데, 그것이 바로 '죄'다. 그리고 모든 사단은 이 '죄'에서 비롯된다. 그리고 이 죄를 짓는 것은 사람이다. 즉 법조인은 죄를 '지은 것 같은'(원칙적으로 형이 확정되기 이전까지 모든 피의자는 무죄니까) 사람들을 상대하는 직업이다.

법조인은 죄를 '지은 것 같은' 불확정의 피의자를 상대하기에 선입견을 가져서는 안 된다. 변호사는 선입견 없이 피의자를 도와야 하고, 검사는 선입견 없이 유죄의 가능성을 증명하기 위해 노력해야 하며, 판사 역시 선입견을 배제하고 법에 따라 정확하게 판결해야만 한다.

그런데, '유전무죄 유빽무죄'라는 말은 한국 법조시장을 가장 적확하게 표현한 말이다. 돈과 권력이 죄를 없앨 수도 있다는 무참한 현실을 조롱하는 표현이다. 그리고 이 뼈 때리는 골계滑稽(일부러 남을 웃기려는 행동이나 말)에는 검사와 판사 그리고 이 둘을 매개하는 전관 변호사가 버티고 있다.

전관前官이라는 말의 사전적 뜻은 '전에 그 벼슬자리에 있던 벼슬아치'이다. 그런데 지금은 판검사 출신의 변호사가 전관이라는 대명사의 주인이 되어버렸다.

법조인의 한 사람으로 이런 글을 쓰고 있다는 사실이 참으로 가슴 미어지게 아프다. 이 시간에도 약자의 인권을 위해 헌신하는 수많은 변호사, 산더미 같은 서류더미 속에서 밤을 새우는 검사, 법의 원칙을 지키기 위해 법전에 코피를 쏟는 판사들이 훨씬 더 많기 때문이다.

일선에서 법의 가치를 지키고 있는 정의로운 판사와 검사들의 노력을 무시해서는 안 된다. 이들이 민주공화국 대한민국을 지키는 한 축이기에 더욱 그렇다.

참으로 안타깝지만 현장에서 삼권분립을 지키고 있는 검사와 판사의 헌신적 노력에도 불구하고 현실은 그렇지 않다.

흔히 대한민국은 민주공화국이라고들 한다. 정말 그런가?

민주공화국의 운영 원칙은 삼권분립이다. 정치권력을 견제하는 사법이 삼권의 한 축으로 자리 잡고 있는 이유다. 사법이 제대로 정부와 국회를 견제해야 건강한 민주공화국이 성립된다. 마찬가지로 사법 역시 민주적 시스템에 의해 견제를 받아야 삼권분립이 유지될 수 있다.

정치권력을 행사하는 국회와 행정부를 수반하는 대통령은 국민에 의해 선출된다. 하지만 사법부는 국민에 의해 선출되지 않은 권력이다. 그리고 검찰은 준사법기관이라고 하는데, 검찰총장이 임기 보장을 받는 이유는 여기에 있다. 그런데 검찰이 한국에서는 사법과 정부를 아우르는 공집합의 '대가리'가 되어버렸다.

문제는 선출되지 않은 권력, 즉 검찰에 대한 민주적 통제장치가 없다는 데 있다. 견제를 받지 않는 권력이 부패한다는 것은 만고불변의 진리다. 그 불변의 진리가 바로 지금, 한국의 민주주의를 좀먹고 있다.

봉사의 정신으로 공명정대해야 할 법조인이 연줄을 앞세워 축재를 하고, 법의 칼날로 권력을 침탈하며 법전을 뛰어넘는 자의적 판단의 망치로 법정을 깨부수고 있음을 부인하지 못한다. 결코 일부의 일탈로 치부해버릴 수 없는 현상이 내 눈 앞에서 실제로 벌어지고 있다. 불의한 검찰과 판검사 출신의 전관 그리고 법원 이 삼각편대가 쳐놓은 법망을 빠져나가기 쉽지 않다.

법조인 중에서도 판사와 검사는 도덕성과 정치적 중립이 함께해야 한다. 불행하게도 우리나라 검사와 판사들은 도덕성과 정치적 중립에 대해 국민의 불신을 한 몸에 받고 있다. 법이 제대로 집행되기 위한 필수조건이 '법의 권위'인데, 바로 '검사와 판사'들에 의해 짓이겨지고 있다. 특히 무소불위의 법 권력을 행사하는 검사에게 찍히면 그 누구도 무사할 수 없다.

아! 애석하게도 나 역시 그 누구 중 한 사람이었다.

어느 날 걸려온
뜻밖의 전화

2022년 9월이 끝나갈 무렵이었다. 뜻밖의 전화를 한 통 받았다.

당시 이러저러한 사건 수임으로 밤을 새워야 할 만큼 일이 많았다. 전화를 건 사람은 민주연구원 김용 부원장이었다. 김용 부원장은 대학 선후배 사이로 막역한 사이였다.

나는 20대 대통령선거에서 이재명 후보 경선캠프에 법률지원을 했다. 당시 김용 부원장은 조직본부장을 맡고 있었던 것으로 기억한다.

조직을 만들고 확산하는 데 가장 유의해야 할 점 중 하나가 선거법이다. 선거운동의 핵심 중 하나가 조직을 만드는 일인데, 관련 선거법이 무척 간간해서 자칫 법을 위반할 가능성이 많았다. 그래서 선거법 세부사항을 체크하고 법에 어긋나지 않도록 알려주는 일이 내 역할이었다.

김용 부원장은 업무능력이 탁월했다. 책임감이 강하고 맡은 일을 찬찬히 챙기는 스타일이었다. 무엇보다 사람에 대한 예의가 똑발랐다. 자신을 내세우기보다 상대를 우선 배려하는 따뜻한 품성을 가진 선배였다.

김용 부원장이 내게 전화를 건 이유는 사건 수임을 부탁하기 위해서였다. 뜻밖이었다. 내가 아는 김용 부원장은 정치인답지 않게 남에게 아쉬운 소리를 잘 못하는 성격이었기 때문이다.

그는 처음에 말을 빙빙 돌렸다. 그러다가 아주 어렵게 사건 수임을 도와줄 수 없겠느냐고 물어왔다.

경험칙에 의거하건대 대개의 경우 변호사에게 사건 수임을 간청하는 이유는 두 가지다.

첫 번째는 업계 용어로 치면 돈이 안 되는 사건이다. 시쳇말로 교통비도 안 빠지는, 시간과 노력 대비 비용을 뽑기도 힘든 사건들이 꽤 많다. 이러한 경우는 대부분 면식을 이유로 들이미는 사건들이다.

두 번째는 사회적으로 물의를 일으키고 있어서 사건 수임이 변호인의 이미지에 타격을 주는 사건이다. 어느 분야든 그러하겠지만 변호사 업계에서도 '가오빨'은 대단히 중요하다.

김용 부원장이 머뭇머뭇 빙빙 말을 돌리며 어렵게 부탁한 사건은 바로 이 두 가지 사안을 모두 관통하고 있었다. 바로 '위례신도시 개발비리 의혹' 사건, 그리고 매일 같이 언론을 도배하다시피 하던 대장동 사건의 핵심 피의자 유동규가 관련된 사건이었다.

위례신도시 의혹은 검찰이 벌이는 별건 수사였다. 대장동을 털다가 이재명 대표에 대한 명백한 혐의를 입증하기 어려워지자 위례신도시로 옮겨간 사건이었다. 따라서 검찰 인력이 총동원되어 웬만한 굴지의 대형 로펌도 대응하기 힘들 정도의 방대한 수사 자료와, 쌍욕이 치밀 만큼 검찰의 더티한 언론플레이가 난무하고 있었다.

발을 잘못 들이면 그야말로 헤어날 수 없는 구렁텅이에 빠질 위험성이 충분했다.

미리 고백하자면 사실 많이 망설였다.

당시 수임한 사건이 적지 않아 전력을 다하기도 쉽지 않았다. 그런 상황에서 수임을 한다고 해도 전력을 다하려면 엄청난 변호 인력이 필요했다. 시간과 비용, 정신적 스트레스까지 3단 콤보가 보장된 사건이었다.

처음에는 부탁을 거절할 변명을 열심히 찾았다. 하지만 결국 지고 말았다.

강하게 부탁했으면 오히려 거절하기 수월했을 것이다. 그런데 오히려 어렵게 하는 부탁을 차마 거절하기란 쉽지 않았다.

변호사에게 있어 약한 마음은 결코 '사나이 순정'이 될 수 없다.

그런데 왜 김용 부원장은 내게 유동규의 변호를 부탁했을까?

가장 큰 이유는 피의자 유동규가 변호사를 선임할 돈이 없다는 것이었다. 오죽하면 변호사 선임 없이 재판을 치르거나 국선변호인 선임을 고민할 정도라고 했다. 그 이전까지 대장동 사건 변호에 적지 않은 비용이 들어간 모양이었다.

"처음부터 나를 찾지!"라는 말을 묵음처리하고, 직원들과 의논을 했다. 그랬더니 역시나 쌍수를 들어 사건 수임을 반대했다. 그렇다고 이미 뱉어 놓은 약속을 무를 수도 없었다. 돈도 가오도 없지만 그래도 못내, 못내 가오빨로 버텨온 인생 아니던가.

사실 이전까지는, 그때까지만 해도 대장동 사건에 대해 잘 몰랐다.

지금까지 마음이 동하지 않는 사건은 맡지 않는다는 것이 변호사로서의 나의 원칙이었다. 더군다나 유동규 씨에 대해 알지도 못했고, 개인적 친분도 전혀 없었으며, 비리를 다투는 형사 사건은 관심 밖이어서 더욱 그랬다.

캠프 활동 때도 대장동 사건 담당은 다른 분이었다. 그랬기에 언론에 보도된 내용 말고는 더 아는 것도 없었다.

그날부터 관련 뉴스들을 뒤져가며 대장동 사건과 위례신도시 사건을 공부했다. 눈이 돌아갈 만큼 많은 자료와 보도를 분석하는 것만으로 밤을 새워야 할 지경이었다. 그래도 이왕 시작했으니 열심히 했다.

올무에 걸린
피의자

2022년 10월 4일. 서울구치소로 유동규를 접견하러 갔다.

접견의 목적은 수임을 위해서 의뢰인의 동의가 있어야 했기 때문이다. 법원에 제출할 선임계 작성 이전에 일단 유동규와 만나 사건수임 의사를 확인하기로 했다.

구치소는 언제나 적막하다. 아무도 침묵을 강요하지 않지만 애써 무거운 정적을 지켜야만 하는 화장터 같다. 차가 막히는 바람에 접견시간에 10분 늦었다. 접견실로 가는 길, 조바심난 발자국이 유난히 크게 울렸다.

유동규는 접견실에 앉아 조용히 기다리고 있었다. 어둡지도 밝지도 않은 표정이었다.

재소자 대부분은 구치소에 들어가면 얼굴이 좋아진다. 수사과정에서 받은 스트레스에서 벗어나 규칙적인 생활을 하다 보니 그런 거다. 그런데 유동규의 얼굴에는 근심이 가득했다.

그는 내가 건넨 명함에서 문재인 정부 청와대 민정수석실 출신 약력을 확인하고는 표정이 슬며시 바뀌었다. 유동규는 내가 올 줄 알고 있었으며, 나의 이력에 대해서도 이미 대충 파악하고 있었다. 이미 앞서간 유동규의 대장동 사건 변호인이 언질을 한 듯싶었다.

김용 부원장과 통화 후 사건 수임을 결심하고 유동규의 대장동 변호인과 통화를 했었다. 위례신도시 사건을 준비하려면 대장동 재판 상황을 대강이라도 알아야 했기 때문이다.

그런데 대장동 변호인은 재판 실무의 어려움부터 얘기했다. 사건 기록이 사무실 공간을 꽉 채울 만큼 어마어마하다는 것과 위례신도시 사건기록도 대충 비슷한 분량일 터이니 혼자 감당할 수 없을 거라고 했다.

대장동 사건수사기록이 페이지로 따지면 수만 장에 달한다고 하니 위례신도시 사건도 직원 여러 명이 달라붙어 복사를 해도 족히 열흘은 걸리고, 그 비용 또한 만만치 않을 터였다. 게다가 협업할 변호인도 필요할 것 같았다.

아! 아무리 수임료를 낮게 잡는다고 해도 소송에 들어갈 비용이 만만치 않을 것이라는 소위 통밥이 스쳐갔다. 고민이 깊었다. 비록 의뢰인의 경제적 여건이 어렵다고는 해도 재판을 진행하기 위한 최소 비용은 감내해야 하니까.

이러저러한 상황에 대해 의뢰인과 만나 의논한 후 사건 수임을 최종적으로 결정하기로 했다.

하지만 그런 얘기는 미처 꺼내지도 못했다. 유동규가 마치 나를 기다리고 있었다는 듯 사건에 대해 세세하게 얘기하며 자신의 억울함을 한도 끝도 없이 늘어놓았기 때문이다. 나는 한 시간이 넘도록 유동규의 하소연만 듣고 있어야 했다.

정식 선임계를 받지 않은 첫 접견이어서 미리 수사기록도 살펴볼 수 없는 상황이었다. 사건에 대해 충분하게 숙지해야 의뢰인과 수사와 재판 상황을 의논할 수 있다. 당시 할 수 있는 일은 그저 의뢰인 유동규의 말을 들어주는 것밖에 없었다. 나름대로 의뢰인의 푸념과 하소연을 들으면서 앞으로 해야 할 일들을 정리했다. 유동규는 정신적으로 흔들리고 있는 듯 두서없는 이야기를 장황하게 늘어놨다.

유동규의 말을 낱낱이 밝히지는 않겠다. 하지만 내가 느낀 유동규에 대한 검찰의 압박은 생각보다 훨씬 컸다.

유동규 사건을 떠나 일반적으로 볼 때, 뇌물혐의 피의자가 검찰 수사과정에서 받는 가장 큰 스트레스는 기소 내용, 즉 범죄의 구성이다. 특히 공직자의 경우 '정치자금법과 뇌물죄'로 인한 압박은 상상을 초월한다. 그 이유는 검찰이 적용할 혐의와 적용 법조항에 따라 피의자의 구형이 달라질 수 있기 때문이다.

정치자금법 위반과 뇌물죄에 대한 형량의 차이는 실로 어마어마하다. 정치자금법 45조에는 정치자금을 불법으로 기부하거나 기부 받은 사람에 대해 5년 이하의 징역 또는 1000만 원 이하의 벌금에 처하도록 규정하고 있다. 반면 뇌물죄는 액수에 따라 특정범죄 가중처벌 등에 관한 법률(특가법)이 적용되어 10년 이상 실형이 선고될 수 있었다. 일반적으로 피의자 입장에서 범죄 혐의 추가는 형량이 늘어날 수 있어 두렵지 않을 수 없다.

　　당시 유동규는 대장동 사건으로 특정범죄 가중처벌 등에 관한 법률(특가법) 상의 뇌물죄로 구속 중이었다.

　　만약 검찰이 위례신도시 사건에 뇌물죄를 추가한다면 그 구형량이 30년 가까이 늘어날 수도 있었다. 그러나 반대로 뇌물죄로 기소하지 않는다면 형량은 훨씬 약해질 수 있었다.

　　이와 함께 유동규의 경우 1년 가까이 구속된 상태에서 별건으로 위례신도시 사건까지 추가로 불구속 기소됐다. 만약 위례신도시 별건으로 검찰이 구속영장을 청구하면 구속기간이 더 늘어날 상황이었다.

　　유동규의 절절한 억울함과 어찌해야 할지 몰라 흔들리는 모습을 보면서 변호인을 떠나 인간적으로 연민의 정이 들었다. 할 수 있는 한 최선을 다해 도와주겠노라 약속을 했다. 유동규를 진심으로 도와주어야겠다는 생각을 굳혔다.

접견 말미에 의뢰인 유동규가 수임료를 물어봤다.

경제적 상황이 어렵다는 김용 부원장의 간곡한 부탁이 있었던 터라 의뢰인의 입장을 최대한 반영해서 정하려고 하니 크게 염려치 말라 안심시켰다. 그리고 실제 수임료를 책정하기 위해서는 사건기록부터 확인해야 했다.

의뢰인은 내 말 뜻을 충분히 이해하고 변호사 선임에 동의했다. 그리고 수임료는 사건기록을 복사하고 정확하게 알려달라고 했다.

그렇게 1시간이 훌쩍 흘렀다.

작별 인사를 마치고 일어서려는데 의뢰인이 나에게 바싹 다가서더니 귓속말로 속삭였다. 마치 내게 대단한 비밀을 털어놓는 것처럼 대장동 사건을 두고 대립하고 있는 민주당 내의 상황을 이야기했다.

납득이 되지도 않고, 이해할 수도 없는 일방적 주장에 가까운 말들이었다. 하지만 유동규는 마치 정확한 사실인 것처럼 단정 지어 말했다. 나로서는 처음 듣는 말이었다. 그런데 만약 유동규의 주장이 사실이라면 1년을 구치소에 갇혀 있던 사람이 어떻게 그런 정보를 알고 있는지 궁금하지 않을 수 없었다.

접견실을 나서며 검찰의 몰아가기 수사에 대한 유동규의 억울함은 생각보다 훨씬 크다는 느낌을 지울 수 없었다. 그리고 그는 마치 혼잣말을 하는 것처럼 한마디를 툭 내뱉었다.

"나는 결심했습니다."

잘못 들은 것인가? 도대체 무엇을 결심했다는 말이지?

묻고 싶었지만 묻지 않았다. 돌이켜보면 그때 물어봤어야 옳았다. 그저 검찰 수사로 흔들리는 의뢰인의 불안함인가 하고 무심코 넘기고 말았다.

접견을 마치고 나오면서 한국 검찰의 저열하고 비열한 수사 방식에 욕지기가 치밀 만큼 화가 났다. 특히 표적수사에 대해서 검찰이 닦아온 내공은 가히 혀를 내두를 정도로 교묘하고 신통하며 참신하기까지 했다. 목표물이 정해지고 시나리오가 완성되면 무조건 후퇴 없는 직진을 한다는 점에서.

뇌물 사건을 예로 들면 검찰에게 있어서 공여자와 수여자의 진술은 아무런 의미가 없다. 검찰이 자행한 대표적 표적수사로 결국 무죄로 판명된 한명숙 뇌물수수 사건의 재판에서 오죽하면 피의자가 재판 중에 이렇게 진술을 할까?

"검사님이 안 되면 없어도 탁, 죄를 만들잖아요."

표적수사는 피의자의 가장 취약한 부분을 공략한다. 이 과정에서 피의자의 인권 따위는 가볍게 무시된다. 이처럼 위법한 수사는 위법한 기소를 양산하고 끝내 말도 안 되는 구형으로 한 사람의 인격을 파탄 낸다. 이후 판결에서 무죄가 선고돼도 검사의 위법은 아무런 처벌도 받지 않고 오히려 승승장구하는 출세의 이정표가 된다.

유동규의 억울한 하소연을 들으며 검찰의 압박에 분노가 치밀었다.

죄가 있으면 벌을 받는 것이 마땅하다. 하지만 죄를 만들어 올가미를 씌우는 일은 국가권력이 해서는 안 될 짓이다. 그럼에도 불구하고 이 같은 비인간적 행위를 일부 몰지각한 검사들은 아무렇지도 않게 당당하게 자행하고 있다. 수사는 공정하고 적법해야 한다. 공정한 수사가 이뤄지지 못하면 공정한 기소와 공정한 재판이 성립될 수 없다.

많은 재판을 보면서 분을 삭이지 못하는 부분이 바로 이 지점이다. 수사 과정에서 불법과 위법이 드러나면 검찰이 제시한 증거는 사용해선 안 된다. 또한 검찰이 위증을 획책한 불법이 발견되면 기소 취소와 함께 해당 검사는 처벌받아야 마땅하다.

그러나, 한국 검사는 대한민국 건국 이래 불법 수사에 대해 처벌받은 적이 없다. 독재정권 시절의 고문과 반인권적 수사에도 하위직 수사관에게만 죄를 물었지 검사가 처벌 받은 경우는 극히 희소하다.

검찰이 자행하는 불법수사는 명백한 국가범죄다. 국민의 건강과 생명을 책임져야 할 국가가 국민 개인의 인권을 유린하는 행위는 어떠한 경우에도 용납되어서는 안 된다.

접견을 마치고 접견실을 나와 사무실로 가려는데 그제야 변호인 선임 서류에 유동규의 서명날인을 받지 못했다는 사실을 깨달았다. 의뢰인의 하소연에 너무 몰두한 나머지 중요한 절차를 잊어버린 것이었다.

구치소 담당공무원에게 변호인 선임계에 유동규 서명을 받는 것을 깜박했으니 다시 불러줄 수 있겠느냐고 부탁했다. 그러나 이미 의뢰인이 수감실로 이동해버려 절차상 다시 부르기 어렵다고 했다. 대신 선임계 서류를 두고 가면 유동규 자필 서명을 받아 접견 오는 다른 변호사를 통해 전달해주겠노라 약속했다. 고맙다는 말을 남기고 구치소를 나왔다.

사무실에 전화를 걸어 유동규 사건에 관한 소송대리 사무 위임을 위한 작업을 시작하라고 지시했다.

'그래, 힘들지만 정치 검찰과 한번 빡세게 붙어 보자.'

그렇게 결심을 했다.

유동규 사건 기록과
변호인으로서의 촉

변호인 선임계를 재판부에 제출해야만 정식으로 사건 변호를 시작할 수 있다.

마음이 바빴다. 사건을 파악하기 위해서 수십만 페이지의 수사기록을 복사하고 검토해야 한다. 그런데 선임계가 없으면 사실상 할 수 있는 일이 아무것도 없다.

의뢰인 유동규의 서명과 지장이 날인된 변호인 선임계가 10월 7일 늦은 오후에 인편을 통해 도착했다. 하지만 하필이면 돌아오는 월요일 10월 10일이 한글날 대체 공휴일이라 또 하루를 까먹었다. 연휴가 끝나고 10월 11일 화요일에 정식으로 재판부에 변호인 선임계를 제출했다.

의뢰인을 생각하면 하루 빨리 재판을 준비해야 했다. 당장 수만 장의 사건기록을 복사하는 데만 수백만 원이 필요한 상황이었지만 나중에 정산하기로 했다. 곧바로 직원들이 열람등 사 신청서를 제출했다.

그런데, 검찰에서 돌아온 답변이 가관이었다. 부장검사께 서 사건기록을 보고 있으므로 당장 등사가 불가하다는 것이 었다.

수사기록은 가급적 신속하게 변호인에게 제공해야만 한다. 그럼에도 불구하고 원본을 부장검사 영감님께서 친히 검토하 고 계신 까닭에 등사할 수 없다는 말은 갑질을 넘어 변호인의 권리를 무시한 형사소송법 위반이다.

형사소송법에는 변호인은 검사가 공소 제기 후 보관 중인 서류와 물건을 열람하거나 등사할 수 있음을 보장하고 있다. 이는 피고인이 신속하고 공정한 재판을 받을 핵심 권리 중 하 나다. 피고인에 대한 무죄추정의 원칙, 무기대등의 원칙, 변호 인의 조력을 받을 권리는 헌법과 형사소송법에 명시되어 있다.

형사소송법의 규정대로라면 피고인과 변호인의 신청이 있 을 경우 검찰은 증거기록을 포함한 사건기록을 등사해 주는 것이 옳다. 그럼에도 부장검사가 원본을 검토하고 있어서 변호 인에게 신속하게 등사해 주기가 어렵다는 건 오만불손 그 자 체다. 그런 짓을 부끄러움도 없이 당당하게 저지르고 있었다.

백 번을 양보해서 부장검사 영감님께서 사건기록을 검토해 야 한다면 원본을 복사하여 보는 것이 합당한 일이다. 그런데도 기세가 등등하신 검찰님들의 답변을 옮기자면 사건기록을 등사하는 데만 한 달을 더 기다려야 했다. 부장검사님이 친히 사건기록을 검토하고 있고, 그 이후에도 공범관계에 있는 다른 피고인들을 수임한 로펌들이 줄줄이 줄을 서서 기다리고 있는 상황이라는 이유였다.

동네 약수터에서도 지켜야 할 룰과 질서가 있다. 검사들은 법과 원칙을 깡그리 무시한 채 자기들만의 금테 두른 바가지를 휘두르며 마치 여보란 듯 새치기를 하고 있었다.

검찰은 무법자처럼 행동한다. 불법으로 총기를 소지하고 난사해도 변호인 측은 이를 제어할 힘이 없다. 정말 내가 이런 꼬락서니를 목도하려고 변호사가 되었나 하는 자괴감이 절로 들었다. 이따위 소소한 검찰의 오만함은 일상다반사이니 혈압을 높여봤자 건강만 해칠 뿐이다.

사건기록을 등사하기 위해 한 달 이상을 기다려야 하는 상황을 두고 볼 수 없었다. 그래서 바로 유동규의 구치소 접견 날짜를 10월 14일로 잡았다.

남은 시간 동안 인터넷으로 사건관련 자료를 검색했다. 언론보도의 행간을 읽으면 어렴풋이나마 사건의 실체가 보인다. 법조 기사 대부분은 검찰의 시각으로 작성되었다고 보면 정확하다. 법조 기사 대부분은 검찰이 의도적으로 불법 유출한 수사기록이나 수사진행 상황을 기사화한 것이다. 그것도 검찰의 착실한 해석을 가감 없이 반영하여.

그래서 기사를 꼼꼼히 들여다보고 비교하면 검찰이 기획하는 수사의 일정한 패턴을 발견할 수 있다. 뉴스를 보는 독자의 시각이 아니라 왜 검찰이 이와 같은 사실을 언론에 유출하고 있는지를 파악하는 것이 관건이다. 검찰의 언론플레이가 고도의 숙련된 기술인 것은 분명하지만 또렷한 의도성을 갖기 때문이다. 즉 검찰의 의도를 알기 위해서 검찰의 입장에서 기사를 보면 된다는 말씀이다.

특히 검찰 특수부의 기획수사는 일단 목표물이 정해지면 당사자는 물론이고 가족 등 주변인물을 이 잡듯 뒤지는 것으로 시작한다고 보면 된다. 당사자와 주변인물에 대한 사소하고 작은 혐의라도 발견되면 경중과 관계없이 사건의 기승전결을 만들고 각색 작업을 시작하는 것 같다. 이후 부풀리고 심지어는 왜곡과 조작까지 첨삭하여 목마른 기자들에게 넌지시 던져준다고 해도 과언이 아니라고 본다.

기자는 '검찰 관계자'라는 익명의 취재원을 앞세워 자극적인 MSG를 촘촘히 치고, 스스로 창작한 스토리까지 입혀서 특종 또는 단독이라는 타이틀로 기사화한다. 이렇게 보도된 기사는 여타 언론이 넙죽 받아 확대 재생산한다. 결국 사건의 진실은 사라지고 어디가 하늘이고 어디가 땅인지 모를 카오스가 열린다.

기사 몇 개만 살펴봐도 유동규 사건의 핵심은 '이재명'이었다. 검찰의 목표물은 유동규가 아니라 이재명 대표를 정조준하고 있었다.

검찰이 흘리는 유동규 사건의 대부분은 결국 이재명으로 귀결되었다. 일목요연, 초지일관, 유시유종, 기승전 '이재명'이었다.

이미 검찰에게 있어 유동규의 혐의 따위는 관심이 없었다. 단지 유동규를 통해서 이재명을 옭아맬 수 있는 근거가 필요할 뿐이었다. 유동규는 이재명을 잡기 위한 미끼에 불과했다.

기사를 찬찬히 분석하다 보니 지난번 첫 면담에서 유동규가 심적 고민으로 흔들리던 이유를 알 것 같았다. 무언가 결심을 한 듯 보이던 유동규의 모습이 어렴풋이 떠올랐다. 유동규의 갈등 그리고 그의 선택에 따라 사건의 판도가 어떻게 뒤바뀔지 예측할 수 없었다.

오랫동안 변호사로 살아온 촉, 즉 직관이 발동됐다. 하지만 나는 어디까지나 변호인이었다. 변호인은 의뢰인을 위해 최선을 다해야 한다. 그것이 지금까지 지켜온 법조인으로서의 양심이었다.

면담과 접견이 거부된
변호사

10월 14일, 유동규를 접견하러 가는 마음이 무거웠다.

검찰의 올가미를 피할 수 없을 것 같은 불길한 예감 때문이었다. 구치소로 가는 택시 안에서 변호인으로서 의뢰인을 보호하기 위해 무엇을 해야 할까? 골똘히 생각에 빠져 있는데, 전화기가 울렸다. 어라? 서울구치소였다.

"오늘 오셔도 피의자 접견을 할 수 없기에 사전에 통보해 드립니다."

이게 무슨 말인가? 분명 사전에 접견신청서를 제출하고 승인까지 받았다. 당연히 접견 취소의 이유를 물었다. 구치소의 답변은 간결했다. 서울중앙지검에서 의뢰인을 소환했다는 것이었다.

검찰은 무슨 이유로 기소가 끝난 피의자를 다시 데려갔을까?

정말 의아했다. 흔치 않은 일이었기 때문이다. 공소제기 후에 검사실에서 피고인신문을 인정해서는 안 된다는 것이 학계의 일반적인 견해다. 최근 대법원 판례도 이와 유사했다.

기소 후 검사가, 피고인과 대등한 당사자 지위에 있는 검사가 일방적으로 법정 밖에서 피고인에게 불리한 증거를 만들수 있게 하는 것은 당사자주의·공판중심주의·직접심리주의에 반한다. 피고인의 공정한 재판을 받을 권리를 침해한다는 이유에서 증거능력을 인정할 수 없기 때문이다.

따라서 기본적으로 형사소송법 상 기소가 끝난 피의자를 다시 불러 공소사실에 관하여 피의자신문을 하고 그에 대한 조서를 작성하는 것은 적법한 절차와 방식에 따른 것이라고 볼 수 없다. 분명 위법이다. 또한 이 과정에서 취득된 증거는 재판에서 채택될 수 없다.

분명 또 다른 검찰의 음모가 진행 중이었다.

서울구치소로 향하던 택시를 서초동 검찰청으로 급히 돌렸다. 의뢰인에 대한 검찰 조사에 입회하기 위해서였다. 변호인으로서 의뢰인을 위한 당연한 조치이자 의무였다.

서울지방검찰청 로비 안내데스크에서 의뢰인 유동규를 소환해 갔다는 반부패수사1부 방문신청을 했다.

검사실 출입을 위해서는 통상적으로 방문자의 신원을 확

인한 후에 별도의 출입증을 교부받는다. 그 과정에서 방문처 확인 전화를 하는데 변호인의 신원이 확인되면 곧바로 출입이 허가된다.

그런데 이상했다. 안내데스크 직원의 확인 절차가 길어지고 있었다. 통상 1분이면 끝나는 절차가 한참을 지나도 답변이 없었다.

그리고 결국 출입을 허락할 수 없다는 통보를 받았다. 명백한 변호권의 침해였다.

그 사유를 물었다. 그랬더니 의뢰인 유동규가 접견을 원하지 않는다고 했다. 상식적으로 납득할 수 없었다. 피의자가 검찰조사를 받고 있는 상황에서 변호인의 입회나 접견은 무엇보다 큰 힘이 된다. 시쳇말로 설명하자면 일진들에 둘러싸여 다구리 맞고 있는 학생 앞에 학생주임이 나타나는 것과 똑같다.

첫 번째 의뢰인 접견 때 유동규는 심리적으로 매우 불안정했다. 그런 상태에서 법정 대리인인 변호사가 도움을 주려고 현장에 달려왔는데, 어라? 접견을 거부한다?

믿기지 않았다. 긴 시간 변호인을 로비에 세워두고 검사와 의뢰인은 도대체 무엇을 상의하고 있었을까? 혹시 의뢰인이 강압적인 상황에 있는 것은 아닌지 걱정됐다.

변호인의 양심으로 의뢰인을 위해서 물러서는 안 된다고 판단했다. 우선 도저히 납득할 수 없는 변호권 침해에 대해 강하게 어필했다. 안내데스크 직원들도 정당한 항의에 별다른 이의를 제기하지 못했다.

의뢰인과의 직접 통화를 요구했다. 내 귀로 직접 확인하기 전에는 한 치도 물러설 생각이 없었다.

검사실과 한참을 통화하던 안내직원이 검사실 수사관을 바꿔줬다. 검찰수사관이 얘기했다.

"검사님이 유동규를 조사 중이며, 의뢰인 유동규가 변호사와의 접견을 원치 않습니다."

믿을 수가 없어서 유동규를 직접 바꿔달라고 요구하였다. 바꿔준 전화 목소리를 들으니 유동규가 맞았다.

"변호사님, 조사를 받는 게 아닙니다. 검사님과 편하게 면담하고 있습니다. 그러니 오늘은 그냥 돌아가셔도 됩니다."

그런데 그 순간 생각지도 못한 의뢰인의 말이 수화기를 타고 흘러나왔다.

"걱정하지 마십시오. 다음 주 목요일 날 석방됩니다. 그때 뵙도록 하지요."

정말 뜻밖의 말이었다. 불과 며칠 전까지 불안한 마음으로 하소연을 하던 의뢰인이었다. 그런데 밝은 목소리로 석방을 얘기하다니!

당시로서는 유동규의 구속연장이 일반적으로 예측되는 상황이었다. 변호인 입장에서도 별건 구속을 막을 방법을 고민할 정도였다. 하지만 검찰이 구속요건으로 들이밀 범행 증거인 멸에 대한 논거를 찾기 쉽지 않았다. 그리고 사건기록을 보지 못해 도무지 무슨 혐의로 구속사유를 주장할지 가늠하기도 힘들었다.

그럼에도 불구하고 검사 바로 옆에서 유동규는 확신에 찬 목소리로 다가오는 10월 20일의 석방을 이야기하며 오히려 변호인을 안심시키고 있었다.

유동규의 말을 믿을 수 없었다. 의뢰인을 믿지 못하는 것이 아니라 검찰을 믿을 수 없었다. 의뢰인의 말대로라면 10월 20일 대장동 사건 구속영장 만료로 석방된다. 그 말은 위례신도시 별건으로 유동규에게 구속영장을 발부하지 않는다는 뜻이기도 하다. 불과 지난주까지 검찰은 유동규를 강도 높게 압박하고 있었다.

"나가서 편하게 뵙죠."

지금은 검사를 앞에 두고 면담 중이니 석방 후 편하게 의논하자는 말 앞에 더 이상 할 말이 없었다. 도저히 이해할 수 없는 상황이었지만 의뢰인이 그렇게 얘기하니 받아들일 수밖에.

의뢰인에게 혹시 부당함이라든지 강압적인 상황이 있다면 도와줄 테니 그때는 즉각 얘기하라는 말을 남기고 정중하게 전화를 끊었다. 그러나 아무리 생각해도 찜찜하고 비상식적인 일이었다.

검사가 기소가 끝난 사건에 대해 피의자를 상대로 면담을 한다?

혹시 면담이라는 말이 검찰과 의뢰인 간의 모종의 거래는 아닐까 하는 생각이 머릿속을 퍼뜩 스쳤다. 표적 수사를 일삼는 검사들이라면 충분히 가능한 일이기 때문이었다.

한국 검찰의 일부 검사들은 수사를 위해서라면 편법과 불법도 마다하지 않는다. 지금 눈앞에 벌어지고 있는 검찰의 '면담'이라는 법률적 행위는 형사소송법 어디를 찾아봐도 없는 용어다.

다시 검사실로 통화를 요청했다. 검사를 직접 바꿔달라고 요구했다. 그리고 검사에게 내 의뢰인이 조사가 아니고 면담이라고 말하는데 지금 진행하는 것이 면담인지 조사인지를 물었다. 조사라면 지금 기소된 사안에 대한 조사인지 아니면 어떤 사건에 대한 조사인지 알려달라는 말도 잊지 않았다.

내 법 상식으로는 검사의 피의자 단독면담은 불법이었다. 형사소송법에도 그런 용어 자체가 존재하지 않는다. 면담의 의미에 대해 따져 물었다. 검찰이 기소가 끝난 피의자에게 하고 있는 면담이라는 듣지도 보지도 못한 절차에 대한 법적 근거를 따졌다. 검사가 빈정거리듯 말했다.

"면담이나 조사나 다를 게 뭐가 있죠?"

면담이라는 말로 조사를 진행하는 것은 엄연한 형사소송법 위반이었다.

그동안 검찰은 관행이라는 이름으로 숱한 면담을 통해 피의자 신문조서도 없이 불법 수사를 저질러 왔다. 그 과정에서 피의자를 회유하고 겁박하여 재판에 유리한 정황을 획책해온 것이다.

따져 묻는 목소리가 매서워지자 검사는 잠시 멈칫하더니 지금 조사는 수사이며, 기소된 사안이 아닌 별건에 대한 수사라고 말했다.

의뢰인은 면담이라고 하는데, 검사는 수사라고 한다?

검사의 '수사진행' 자백으로 유추할 수 있는 것은 현재 검찰이 유동규에 대한 새로운 음모가 진행 중이라는 뜻이었다. 그렇다면 검찰이 진행 중인 별건 수사는 과연 무엇인지를 묻지 않을 수 없었다. 그러나 검사는 나의 추궁에 대한 답변으로 수사기밀이어서 말해줄 수 없다고 했다.

의뢰인은 면담이라고 하는데 검사는 수사라고 말한다면 나는 당연히 의뢰인을 말을 믿어야 했다. 검사의 말처럼 정상적 수사라고 한다면 반드시 사건번호가 있어야 했다. 그래야 검사의 말이 신빙성이 있는 거다. 그래서 수사관에게 전화해 다시 물었다.

"그렇다면 사건번호를 알려주세요."

수사 내용이 기밀이라고 쳐도 수사를 적법하게 개시하기 위해서는 사건이 정식으로 접수되고 사건번호가 부여되어야 한다. 사건이 접수되어야 적법한 수사를 진행할 수 있으며, 수사 과정과 피의자 신문조서가 작성된다. 사건번호를 알려달라는 아주 간단한 요청에 대해 5분 이상을 기다리게 하더니, 한참 후 별건 수사에 대해서는 변호인이 아니기에 사건번호조차 알려줄 수 없다고 통보를 했다.

비록 별건이라고 할지라도 같은 사람의 변호인인데 별건수사이므로 사건번호조차 알려줄 수 없다는 검찰의 입장에 동의하기 어려웠다.

나중에 드러난 사실이지만 김용 부원장 재판을 방청하여 방송을 하는 유튜브 방송에 의하면 내가 유동규와 입회를 신청한 그날, 실제로 유동규와 검사는 검사직무 대리실에서 단둘이 수사가 아닌 면담을 진행한 것으로 드러났다.

돌이켜보면 검사가 그날 변호인인 나에게 유동규를 상대로 면담이 아니고 수사라고 둘러댄 것은 거짓말일 가능성이 크다. 그래서 사건번호를 변호인에게 알려주지 못했던 것일까?

화가 치밀었다. 나도 모르게 목소리가 높아졌다.

검찰이 피의자를 수사하는 것은 당연한 일이다. 그러나 적법한 절차와 법에 맞게 진행돼야 한다. 검찰이 범죄 사실을 규명하려는 행위는 당연하지만 피의자의 인권을 먼저 생각해야 한다. 모든 피의자는 무죄추정의 원칙에 따라 인권을 존중받을 권리가 있다. 비단 유동규라는 피의자에 국한된 문제가 아니라 대한민국 국민으로서 대한민국 헌법에 명시된 보편타당한 권리다. 누구에게도 예외를 둘 수 없는 것이 인간존엄의 권리다.

겨우 마음을 추스르고 사무실로 돌아와 곧바로 유동규 의뢰인 접견 신청을 지시했다. 의뢰인이 걱정됐다. 법의 조력을 받지 못하고 있는 상황에서 어찌됐든 도움을 주는 것이 변호인의 역할이다.

하지만 내 뜻과 상관없이 사건은 예상하지 못한 방향으로 흘러갔다. 우선 10월 17일부터 19일까지 3일에 걸친 구치소 접견신청은 모두 불발됐다.

의뢰인 유동규가 검찰청에서 수사를 받고 있다는 이유였다. 달라진 사실이 있다면 이전까지 반부패수사1부에서 진행되던 수사가 반부패수사3부로 확장되었다는 점이다. 유동규는 오전에는 3부에서, 오후에는 1부에서 수사인지 면담인지 알 수 없는 시간을 3일 내내 이어갔다. 그 과정에서 변호인의 면담이나 입회는 철저하게 배제되었다.

플리바게닝은
불법이다!

10월 20일 유동규가 석방됐다.

위례신도시 개발사업 별건으로 유동규에게 구속영장이 발부되지 않았다. 그렇다면 의뢰인은 어떻게 모두의 예상과 달리 구속연장의 벽을 깨고 석방될 수 있었을까? 검찰은 언론에 대고 유동규 구속 연장을 위해 모든 조치를 다했노라 강변하고 있었다. 하지만 대장동 사건과 위례신도시 사건의 병합신청서 이외에 검찰의 별도 조치는 확인되지 않았다.

〈한겨레신문〉이 확인한 결과에 따르면 검찰이 서울중앙지법 위례신도시 사건 재판부에 낸 병합 관련 의견서에는 유동규의 구속 연장 부분은 없었다고 한다.

그리고 얼마 후인 11월 8일, 유동규는 새로운 별건으로 불구속 기소됐다. 기소된 범죄 혐의는 뇌물수수가 아닌 정치자금법 위반이었다. 연이어 12월 19일 뇌물공여와 증거인멸로 또다시 불구속 기소됐다.

이때 정진상 실장을 뇌물수수로 기소했는데, 공범인 유동규에 대해서는 단순 뇌물공여로만 불구속 기소했다. 뇌물수수와 뇌물공여는 특가법 적용에서 차이가 있어 형량 선고에 있어 천양지차의 차이가 있으며, 뇌물공여의 경우 집행유예의 가능성마저 배제할 수 없다.

이와 함께 검찰의 불법 정황이 발견됐다. 검찰이 10월 14일 그리고 15일, 16일, 이후 19일까지 유동규를 상대로 벌인 수사는 적법한 절차를 거치지 않은 불법수사였을 가능성이 농후하다.

한국에서 플리바게닝^{plea bargaining}은 불법이다. 사전적 의미로 유죄협상제^{有罪協商制}라고 한다. 유죄답변거래라고도 하는데, 배심제를 채택한 영미법 계통의 사법체제에서 시행되고 있다.

미국은 플리바게닝이 허용되고 형사사건의 90% 이상이 유죄협상을 통해 해결되고 있다는 통계도 있다. 시행 방식은 피의자가 범죄를 인정할 경우 그 대가로 가벼운 범죄로 기소하거나, 가벼운 형량을 선고받을 수 있도록 대가를 제공한다. 이와 함께 다른 범죄 혐의는 불기소처분하거나 공소를 취소한다.

쉽게 설명하면 검찰이 형을 줄여준다는 조건을 승인한 피의자는 자신이 관련된 혐의와 관계자에 대해 증언하는 일종의 딜(거래)이다. 미국 마피아 영화에 흔히 나오는 장면을 연상하면 이해하기 쉽다.

그런데 미국 역시 플리바게닝은 철저하게 법에 정해진 규칙을 따라야 하며, 이에 대한 기록과 절차는 투명해야 한다. 만약 법에 따라 진행되지 않으면 검찰이 마음대로 형을 줄여줄 수도 있기 때문이다. 달리 말하면 검찰이 자의적으로 범죄 혐의를 조작해서는 안 된다는 말이다.

한국에서의 플리바게닝은 법적으로 할 수도 없고, 해서도 안 되는 불법이다. 그런데 검찰은 불법을 오히려 수사의 긴요한 도구로 공공연히 애용하고 있다. 검찰이 없는 죄도 만들 수 있지만 반대로 있는 죄도 상황과 친소 관계에 따라 줄이거나 덮어준다는 말이다.

표적에 걸린 타깃의 주변 인물들은 지금까지 열거한 방식에 따라 검찰의 겁박에 손을 들고 말았다. 죽느냐 사느냐의 기로에서, 멸문지화나 풍비박산이라는 절체절명의 위기 앞에서 진실을 지켜낼 곧고 의로운 사람을 찾기란 쉬운 일이 아니다. 이 사실을 잘 아는 검찰은 당근과 채찍을 적절히 활용하며 수많은 피의자를 겁박하거나 회유해 왔다.

검찰이 죽이려고 하면 없던 죄도 뚝딱 만들어지고, 검찰이 살리려고 하면 차고 넘치는 범죄도 한순간에 사라지고 말았다.

어즈버 검찰왕국이 현실인가 하노라!

그동안 검찰은 죄를 만들고 조작하는 데 타의 추종을 불허하는 능력을 유감없이 발휘해 왔다.

이러한 검찰권력 몸집 불리기는 독재정부 시절 정권의 하수인으로 시작되어 문민정부로 접어들자 권검유착으로 이어지더니, 이명박 정권에서는 노무현 대통령을 죽음으로 몰아가고, 박근혜 정부에서는 스스로 권력의 중심으로 옮겨가 정치세력과 결탁하고 결국에는 정치권력을 창출하는 새로운 시대를 열었다. 이른바 이제 대한민국은 '대한검국'으로 불러도 하등 이상하지 않게 되어버렸다.

김용 부원장 재판을 직접 방청한 후 재판내용을 소상히 보도하는 것으로 유명한 유튜브 방송에 따르면, 유동규가 검사와 편하게 면담하고 있다고 했던 10월 14일에 7시간 10분, 다음 날인 10월 15일에 9시간 55분, 10월 16일에 6시간 동안 검사와 유동규가 밀실면담을 진행했다고 한다.

그리고 연속 3일에 걸쳐 23시간이 넘는 면담이 진행됐지만 피의자신문조서는 작성되지 않았다. 심지어 수사관 등 형사소송법 상 반드시 입회해야 하는 참여자가 아무도 없는 상태에서 검사집무실에서 유동규와 검사의 일대일 면담이 이루어졌다고 방송했다.

이 내용이 사실이라면 유동규는 면담뿐만 아니라 피의자 신문조서도 없이 검사와 단둘이 불법 면담을 했다는 것이다. 이는 밀실조사를 통한 진술 회유나 조작 등을 막기 위한 형사소송법 규정을 정면으로 위배한 것이 된다.

형사소송법 제243조에는 이렇게 명시되어 있다.

'검사가 피의자를 신문함에 있어 검찰청 수사관 또는 서기관이나 서기를 참여하게 하여야 하고, 사법경찰관이 피의자를 신문함에는 사법경찰관리가 참여하여야 한다.'

따라서 검찰이 불법을 저질렀다면 관계된 조서는 효력을 상실하는 것이 마땅할 것이다.

언론 보도에 따르면 사흘간의 밀실 면담 이후 유동규의 진술은 극적으로 바뀌었다. 그제야 검찰이 내게 사건번호를 알려주지 않았던 의문이 풀렸다. 뿐만 아니라 유동규는 이후 재판과 인터뷰를 통해서 번복된 진술을 강하게 주장하고 있다.

또 한 가지 의혹. 오비이락이라고 하기에는 너무나도 공교롭게 유동규의 출소 하루 전날, 김용 전 민주연구원 부원장이 정치자금법 위반 혐의로 전격 체포됐다.

검찰은 김용의 체포에 대해 "2022년 10월 5일 정치자금 수수 공범인 유동규가 자수하기 전까지 검찰에서 (해당 사건을) 전혀 인지하지 못했다."며 "유동규가 자수한 이후에서야 공여자인 남욱 등을 조사해 실체가 드러났다."고 언론을 통해 밝혔다.

검찰의 전언대로라면 김용 부원장의 체포와 기소에는 유동규의 증언이 결정적 역할을 했다고 볼 수밖에 없다.

20여 일 동안 검찰과 유동규의 잘 짜인 극본 속에서 놀아난 기분이었다. 유동규가 내게 전했던 "결심했다"는 그 결심의 이유가 확연해지는 것 같았다.

이후, 검찰은 12월 9일 정진상 실장을 뇌물수수죄 등으로 구속기소하고, 유동규는 뇌물공여와 증거인멸 혐의로 불구속 기소했다. 그런데 공소장에서 유동규의 혐의는 선지 빼고 뼈다귀까지 빼버린 멀건 맹탕 공소장이었다.

검찰은 무슨 이유에선지 정진상의 뇌물수수죄 공범관계인 유동규를 기소하면서 유동규에게만 넓은 아량을 베풀어준 것이다. 어떤 위대하신 분이?

기소검사는 엄희준, 현재 서울중앙지방검찰청 반부패수사1부 부장검사다.

프레임을 바꾼 검찰과 '가짜 변호사'

"(증거가) 안 남죠. 한명숙 (모해위증 의혹) 사건 맡았을 때 보니까 한명숙(전 총리)과 한만호(전 한신건영 대표)에게 유리한 제보자들이 다수 나왔는데, 엄희준 검사실은 그런 사람들의 진술과 존재를 기록에서 숨겼습니다. 판사를 속여요. (판사를) 속였던 겁니다."

임은정 검사가 언론과 인터뷰에서 한 말이다.

엄희준 부장검사는 '한명숙 모해 위증 교사 의혹 사건'에 연루된 검사 중 한 명이다. 이 사건과 관련하여 대검찰청 감찰부는 엄희준 검사에게 질의했지만 끝끝내 아무런 답변도 하지 않은 것으로 전해졌다.

대검 감찰부는 엄 검사의 불법적인 모해위증교사를 위중하게 판단하고 수사에 착수하려 했지만 결국 실패하고 말았다. 그 이유는?

2021년 2월 법무부 인사를 통해 임은정 검사가 서울중앙지검 검사로 겸임 발령되면서 수사권을 갖게 됐다. 하지만 윤석열 당시 검찰총장은 대검 감찰부 3과장을 사건 주임검사로 지정하며 임은정 검사를 수사에서 배제했다. 그러던 사이 '모해위증' 혐의의 공소시효(10년)가 다가왔고, 증거가 부족하다는 이유로 해당 의혹 사건은 무혐의 처분이 났다. 결국 엄희준 검사의 모해위증교사 혐의 공소시효는 2021년 3월 만료됐다.

청산되지 않은 죄는 반드시 되풀이된다.

검찰은 수사와 재판 과정에서 많은 불법을 저질렀지만 처벌된 전례가 극히 드물다. 유동규를 기소하며 떠벌린 검찰의 표현을 빌면 엄희준 검사가 저지른 불법 정황은 차고 넘치지만 아주 손쉽게 묵살됐다.

유동규 공소장에 당당하게 올라 있는 엄희준이라는 이름을 보는 순간 모골이 송연해졌다. 미해결 의혹으로 묻혀버린 '모해위증의 기억'이 되풀이되고 있는지도 몰랐다.

"밥은 먹고 다니냐?"

아마 잘 먹고 다닐 것이었다.

유동규는 출소와 함께 마치 날개를 단 듯 펄펄 날아다니며 이재명 대표에 대한 폭로전을 시작했다. 마치 약속된 대본처럼 언론과 연이어 인터뷰를 하고, 극우 유튜브를 통해 은혜

받고 새로 태어난 사람처럼 '검찰천국, 재명지옥'의 간증을 시작했다.

그리고 수많은 언론 인터뷰에서 '가짜 변호사 전병덕'을 끼워 넣었다.

유동규의 변심이 검찰의 강압과 회유에 의한 것이라는 여론이 비등해지자 검찰과 유동규는 내게 '가짜 변호사'라는 프레임을 덧씌우고서 언론의 관심 전환을 시도했다. 정권의 과오가 발각되면 대중의 관심을 분산시키려 사건의 초점을 흐리는 오래된 수법이었다. 정부에 대한 비판여론이 거세지면 느닷없이 연예인 추문이나 마약사건을 등장시켜 물타기를 하는 방법과 흡사했다.

유동규는 출소한 지 나흘 만에 기자들 앞에서 변호인을 해촉했노라 밝혔다. 그런데 그 이전에도, 이후에도 한 통의 전화나 문자도 없었다. 솔직히 쪽팔렸다. 변호사 생활 이래 해임된 경우는 처음이었다.

더욱 우스운 것은 이전까지 의뢰인과 변호사로 유동규와 단 한 번밖에 만나지 못했다는 점이다. 더 놀라운 사실은 유동규 본인보다 제 발 저린 도둑놈 심보처럼 검찰이 더 방방 뜨며 실시간으로 '가짜 변호사' 이슈를 널리널리 유포하고 있었다.

10월 18일 아침, 민주당 김의겸 의원에게서 전화가 왔다.

청와대에 근무할 때부터 알고 지내던 사이로 간간이 안부를 주고받던 사이였다.

검찰의 차단으로 유동규 접견이 막혀 있을 때였다. 당시의 나는 내 의뢰인이 검찰의 압박으로 곤궁에 처해 있을 거라 전전긍긍하며 걱정이 태산이었다. 나중에 밝혀진 사실이지만 실제 검찰은 형사소송법을 위반한 채 불법적으로 유동규를 수사하고 있었다.

변호인으로서 의뢰인을 보호해야 하며, 검찰의 불법적인 작태를 바로 잡아야 하는 것은 변호인의 당연한 의무다.

그날 김의겸 의원은 국정조사에서 유동규에 대한 검찰의 불법 수사정황에 대해 질의했지만 검찰은 거짓으로 답변했다. 검찰의 거짓은 나중에 드러나 여론의 비판을 받았다. 그런데 자신들이 저지른 불법을 반성하기는커녕 검찰은 자신들의 불법 수사정황을 고발한 공익제보자를 귀신같이 찾아냈다.

김의겸 의원과 통화했다는 사실은 두 사람만 아는 사실이었다. 그 외에는 아는 사람이 없었다. 검찰이 국회의원이나 변호인의 통신 내역을 살펴보지 않았다면 결코 알 수 없는 사실이었다.

설령 김의겸 의원이 통화 사실을 밝혔다손 치더라도 나는 아무런 이의를 제기하지 않았을 터였다. 변호인으로 최선을 다했을 뿐이며, 법적으로도 아무런 문제가 없었다. 검찰들처럼 수사기밀을 누설하거나 없는 사실을 날조, 조작한 것도 아니었기 때문이다.

그렇다면 두 사람의 통화내역을 검찰이 어떻게 파악할 수 있었을까?

상식적으로 검찰이 법원에 개인의 통신사실 확인조회 영장을 청구하지 않으면 통신사는 검찰에 정보를 제공할 수 없다.

그리고 한참이 지난 후 검찰로부터 통신내역을 조회했다는 내용을 우편으로 전달 받았다.

문제는 여기에 있다. 검찰이 수사과정에서 수사에 필요하다고 판단하면 피의자 신분이 아닌데도 법원에 통신내역 영장을 청구할 수 있다는 점이다. 본인의 동의도 없이 검찰의 판단 여하에 따라 사생활이 노출되어버린다.

절대 그럴 리가 없다고 믿고 싶지만 검찰의 통신내역 조회 청구가 객관적이지 않더라도 이를 검증할 방법이 없다. 즉 현행법상 검찰이 수사를 이유로 마음만 먹으면 누구를 막론하고 국민의 통신내역 정보를 들여다 볼 수 있다는 것이다. 이는 명백한 사생활 침해이며 인권 침해다.

이처럼 중요한 문제가 아무런 제약도 없이 검찰과 법원에 의해 불법적으로 자행되고 있다.

그러나 언론은 개인의 인권보호보다는 검찰발 '검찰 관계자'라는 익명의 취재원을 앞세워 문재인 정부 민정수석실 출신 '가짜변호사 전 아무개 씨' 만들기에 여념이 없었다.

유동규는 김의겸 의원과의 통화사실을 몰랐다며 조선일보에 단독 특종을 제공하며 '가짜 변호사'를 비판했다. 그런데, 의뢰인이 검사와 불법 면담을 하고 있던 바로 그 당시 순진한 변호인은 의뢰인 유동규를 걱정하여 검찰의 접견 방해와 불법수사를 막아보려고 노심초사하고 있었던 것이다.

아! 정말이지 그가 검찰과 한통속이 되어 노닥거리고 있는 줄은 까맣게 몰랐다. 유동규가 검찰의 애틋한 배려로 조사실에서 내연의 배우자와 해후하고, 검찰과 석방에 대해서 따뜻한 담화를 나누고 계신 줄은 진정 난 몰랐다.

검찰은 재판에서 '가짜 변호사' 의혹과 관련해 "유동규 씨를 위해 변론 활동을 하는 게 아니라 김용 씨 또는 이재명 대표를 위해 유동규 씨가 진술하지 못하도록 감시하는 역할을 한 것으로 볼 수 있다."는 당찬 소감을 밝혔다.

개뿔! 구치소 접견실에서 한 시간 가량 만난 게 그와 이승에서의 인연 전부다. 그 거짓 같은 짧은 만남에 무슨 감시를 그렇게 살뜰히 하고, 검사 영감님께서 열독하시는 바람에 사건기록조차도 열람하지 못한 변호인이 어찌 감히 의뢰인의 진술 따위를 막을 수 있단 말인가?

춘향이의 놀놀한 문자 속을 빌면 "안수해, 접수화, 해수혈"

雁隨海, 蝶隨花, 蟹隨穴이라, 기러기는 바다를 따르고, 나비는 꽃을 따르고, 게는 굴을 따르기 마련인가 보다. 즉 개의 눈에는 개만 보이고 검찰에겐 음모와 모략질만 머릿속에 가득한가 보다.

혹자들은 당시에는 일언반구 해명도 없다가 뒤늦게 사실을 밝히는 이유가 정말 궁금하기도 하겠다. 그 첫 번째 이유는 검찰의 언론플레이에 놀아나지 않기 위해서였다.

당시 유동규의 급작스러운 변심으로 여론은 검찰과의 모종의 거래를 의심하고 있었다. 즉 형량을 매개로 유동규가 검찰과 한배를 타고 이재명 죽이기에 앞장섰다는 추측이 만발했다. 매우 객관적이고 합당한 의심이라 검찰과 유동규 입장에서는 여론을 뒤집을 기사가 필요했을 것이다.

손뼉도 마주쳐야 소리가 나는 법이다. 울고 싶은 아이는 잘 구슬려 달래야지 뺨따귀를 갈겨선 안 된다. 검찰과 유동규는 용량 큰 스피커를 총동원해 놓고서 울어댈 만반의 준비를 끝내두고, 밥풀 많이 붙은 주걱으로 뺨을 찰지게 때려줄 것을 애원하고 있었던 셈이다.

만약 그때 검찰과 유동규의 농간에 맞섰더라면 사건의 진실은 온데간데없고 지루한 '가짜변호사' 진실 공방으로 수구 언론에 난도질당했을 것이다.

입을 봉하고 분심을 애써 견디며 속만 끓이고 있었는데도 며칠 동안 수백 통이 넘는 언론사 기자들의 전화와 문자가 빗

발췼다. 귀신같이 동선을 파악한 뻗치기 기자들이 예의 따위는 가볍게 쌈 싸 드신 채, 시도 때도 없이 불쑥불쑥 내 앞길에 태클을 걸었다. 변호사 사무실 주변에 죽치고 있는 열혈 기자들로 인해 그후 거의 한 달 동안은 사무실에 출근도 할 수가 없었다. 그 고통을 실제 당해 보니 울화가 뻗쳐서 자다가도 이불 킥을 내지르며 벌떡 일어날 지경이었다.

그 와중에 우리의 전 의뢰인 유동규 선생께서는 온갖 찌찌뽕 인터뷰에 빠지지 않고 '가짜 변호사'를 배틀하는 래퍼처럼 쏟아내고 있었다. 고작 한 시간 만난 것이 거부할 수 없는 운명의 전부일진대, 그 껄쩍지근한 잘못된 만남을 발라내고 또 발라내 뼈에 구멍이 숭숭 뚫린 사골 고아내듯 하염없이 우려먹었다.

이와 함께 모해위증의 노하우를 철철 넘치게 축적해 오신 나리들께서는 새로이 발굴한 연기자를 앞세워 모종의 마리오네트, 즉 꼭두각시 인형극 준비에 여념이 없었다.

기대하시라 개봉박두!

밝혀지는
검찰의 조작

"증거는 차고 넘친다."

2022년 11월, 검찰이 김용 전 민주연구원 부원장과 정진상 전 민주당 대표 정무실장을 구속 기소하면서 당차게 외친 말이다.

검찰발 받아쓰기에 중독된 나머지 제대로 된 기자 소양을 갖추지 못한 기자님들께서는 침을 튀겨가며 검찰의 위용을 추앙했다.

"결정적 물증은 재판 때까지 숨기는 히든카드 전략"

"검찰 피신조서의 증거능력을 제한한 형사소송법 개정에 따른 검찰의 새로운 수사기법"

유동규 선생께서는 유튜브와 수구언론을 종횡무진하면서 검증도 확인도 아니 된 의혹을 표표히 날리고 계시었다. 검찰과 손발은 물론 입까지 맞춘 의기로 세세하게 돈을 조성하는 과정을 창제하고 물경 1억 원이 들어가는 종이상자의 디테일을 구성하였으며, 재판만 시작되면 이 모든 사실을 꼼짝 마라! 하고 들이댈 완벽한 증거가 확보된 것처럼 떠벌려댔다.

게다가 예고편만 보고도 완벽한 결말을 창작하시는 언론의 맞장구가 합쳐지면서 이제 뇌물을 수수한 악독한 반역의 무리들은 잘코사니 오랏줄로 엮어 오래오래 하옥하고, 부단한 망이^{亡伊}·망소이^{亡所伊}의 몸통을 끝끝내 찾아 도륙할 일만 남은 것 같았다.

그런데 이 모든 막이 오르기 전 뜨거웠던 어릿광대의 바람잡이는 정작 막이 오르자 관객들의 야멸찬 야유에 직면했으니. 애개, 그 기획력이 너무 티가 나게 허술하고 조악했기 때문이다.

우선 우리의 유동규 뇌물공여자께서 몸소 뻑사리를 시현하기 시작했다.

뇌물 따위를 주고받는 과정을 재판에서 입증하기 위해서는 돈을 전달할 때의 상황, 즉 구라의 리얼리티가 얼마나 생생하게 살아 있느냐가 관건이다. 다시 말해서, 돈 줄 때의 구체적인 정황이 제시되어야 한다.

돈이 어디서 생겼으며, 언제 어디서 얼마를 주었느냐 정도의 일관된 진술은 기초다. 준 놈과 받은 놈의 역학적 생리상

받은 놈은 몰라도 준 놈은 정확하게 아는 법이다.

그런데 묻지도 않았는데 자발적으로 나는 진짜로 돈을 줬노라 목청껏 떠들어대던 유동규 뇌물공여자께서는 일방적인 주장만 있을 뿐 구체적인 정황은 제시하지 못했다. 심지어 언제 줬는지도 기억하지 못하고 대충 언제, 언제, 그렇게, 그렇게 전달했다는 알쏭달쏭한 진술만 되풀이했다.

그럼에도 불구하고 정론직필을 고집하는 언론은 마치 정확하고 구체적인 뇌물공여의 정황이 제시된 것처럼 확정 보도를 일삼았다. 하지만 전 의뢰인이자 뇌물공여를 자수하신 유동규는 어제는 줬다고 했다가 오늘은 준 것 같기도 하고, 생각해 보니 안 준 것 같다는 도무지 일관성 없는 발언만 늘어놓았다.

아! 정말 애들 볼까 두렵다. 막을 열기 전에는 선혈이 낭자한 처절한 햄릿의 복수극인 줄 알았는데, 조명이 켜진 무대에는 땜빵머리 영구가 나와 "맹구 없다~!"만 읊어대고 있었다.

뇌물수수 사건은 정확한 증거를 찾기가 힘든 까닭에 돈을 주었다는 사람의 일관된 진술이 필요하다. 뇌물공여자 진술의 일관성은 재판에서 신빙성을 판단하는 가장 주요한 요소다.

검찰이 자신 있게 주장해 온 것 중 하나가 유동규가 돈을 조성한 방법과 과정이었다. 유동규 선생의 돈을 반드시 주고야 말았다는 맹세에 가까운 진술이 있었기에 더욱 그랬다. 그러나 믿었든, 믿지 말아야 했든 결국 믿을 수밖에 없었던 유동규의 진술은 조변석개였다.

대표적 진술 번복만 나열하면 대략 아래와 같다.

우선 검찰이 자신했던 돈의 조성 방법부터 흔들리기 시작했다. 검찰 수사 단계에서는 한사코 "2013년 추석과 2014년 설날에 남욱으로부터 돈을 받아 정진상에게 1천만 원씩을 전달했다"고 진술을 해놓고서는 재판에서는 "남욱으로부터 받은 건지, 내 돈으로 준 건지, 누구에게 빌려서 준 건지, 금액도 1천만 원인지 5백만 원인지 잘 모르겠다."며 자신의 진술을 스스로 뒤집어버렸다.

공소사실은 물론이고 '뇌물 혐의'의 기초가 흔들리는 중대 진술이다.

이처럼 중구난방 돈을 준 시점을 기억하지 못하자 보다 못한 검찰께서는 뇌물공여자의 심기 보좌를 위한 작전타임 휴정을 요청하는 발칙한 애드립으로 방청객으로부터 열렬한 비웃음을 받기도 했다.

오죽하면 재판부가 직접 나서서 유동규 뇌물공여자께 "여러 억하심정이 있는 것을 안다"면서도 "그 때문에 진술을 제대로 하지 않으면 신빙성에 문제가 될 수 있으니, 2013년 뇌물 혐의에 대해 당시 상황에만 집중해 답변해 달라"고 간곡한 당부의 말씀을 건넸을까?

쯧쯧쯧! 판사도 얼마나 보기에 딱했으면…….

결코 독자제위를 웃기려고 작심한 코미디 대본이 아니다. 실제 유동규 뇌물공여자의 재판에서 벌어진 진술 번복 상황을 해학적으로 풀이해 놓은 것이다.

아! 이런 수준 대폭 떨어진 뇌물공여자에게 해촉을 당한 '진짜 변호사'인 나. 진짜로 자존심 상한다.

거짓은 아무리 잘 포장해도 결국 거짓이다.

유동규는 아직
죄인이 아니다

많은 분들이 왜 유동규가 그렇게 느닷없이 변했을까 궁금해 한다. 나도 궁금하다.

유동규의 회개를 믿는 분도 있고, 분명 검찰과 모종의 거래가 있었다고 믿어 의심치 않는 분들도 있다. 이 상반된 시각에 대한 정답을 찾기란 쉽지 않다. 공명정대한 재판을 진행할 것이라는 법원을 믿을 수밖에 없다.

그런데 곰곰이 생각해 보면 우리가 간과하고 있는 부분이 있다. 이 모호한 진실게임이 만들어지게 된 원인은 어디서부터이고, 그리고 그 변화에 대한 어떤 동인이 있었을까?

있다. 분명히 있다. 유동규라는 피의자가 감내해야 했던 1년간의 수사과정에서 그 답을 찾아야 한다. 지금까지 수많은 피의자가 검찰의 장기구속과 강압적 수사과정을 통해 없던 혐의를 만들어낸 경우가 있었기 때문이다. 그리고 그 시작은 검찰의 강압적 수사에서 시작된다고 보는 것이 정확하다.

흔히 검찰 앞에 불려 가면 모두 죄인이 된다. 피의자든 참고인이든 상관없다. 예의범절을 중시하는 검사영감님의 "다리 꼬지 마!" 한마디면 죄인처럼 다소곳이 머리를 조아리고 방정한 품행을 유지해야 하는 줄 안다.

꼬고 싶으면 다리를 꼬아도 되고, 의자에 허리를 기대고 좀 과장해서 말하면 "다리 꼬지 마."라는 검사의 면상을 정면으로 응시한 채 "네가 뭔데 내 다리 가지고 그래!"라고 외친다고 해도 아무런 죄가 안 된다.

왜? 피의자는 형이 확정되기 전까지는 죄인이 아니다.

하물며 피의자도 아닌 참고인으로 불려갔는데, 검사와 수사관들이 강압적 조사를 한다면 바로 진술거부권을 행사하라.

"나, 이따위 조사에 협조할 수 없어!"

검찰은 참고인을 붙잡아 둘 법적인 근거도 없고 진술을 강요해서도 안 된다. 잊지 말자. 참고인은 그저 참고인일 뿐이다.

혐의가 있다면 영장을 청구해야지 검사 마음대로 조사할 권한도 권리도 없다.

그럴 경우는 없어야 하겠지만 만약 피의자로 수사를 받는다고 해도 피의자의 권리는 스스로 지켜야 한다.

모든 피의자는 예외 없이 무죄 추정의 원칙에 따라 죄인이 아니다.

수사와 조사 과정은 물론이며 1심 판결을 받았다 하더라도 2심, 나아가 대법원의 판결을 통해 형이 확정되기까지는 동등하게 대한민국 국민으로서 헌법에 보장된 권리를 행사할 수 있다.

수사과정에서 말하기 싫은 것은 말하지 않아도 된다.

진술거부권, 즉 묵비권은 피의자가 가진 무기 중의 하나다. 피의자에게 불리한 진술은 말하지 않을 권리가 있다. 죄를 입증하는 것은 검사가 할 일이지 피의자는 그럴 필요가 없다.

수사라는 말은 범죄혐의를 입증하는 과정이다. 피의자가 스스로 혐의 내용을 찬찬히 설명하는 자리가 아니다. 명백하고 합리적인 증거를 제시하여 피의자의 진술과 상관없이 죄를 밝혀내는 것이 검사가 하는 일이다. "왜 받았어? 왜 때렸어?"라고 물어보는 것이 수사가 아니다.

왜 피의자 스스로 죄가 없음을 입증해야 하는가? 자동차 회사에서 급발진을 두고 고장의 원인을 운전자에게 입증하라는 것과 하등 다를 바 없다.

검사의 수사과정에서 신문에는 피의자를 꼼짝 못하게 할 꼼수, 순화된 언어로 표현한다면 수사기법이 숨어 있다는 사실을 알아야 한다.

검사들은 철저하게 훈련된 선수들이다.

그러니, 자신의 법 상식을 믿고 함부로 대응해 봤자 거의 100% 이길 수 없는 싸움이다. 핸디캡 없이 프로골퍼와 라운딩한다고 상상하면 이해가 쉽다. 결코 강인한 정신력으로 어찌어찌 해볼 수 있는 일이 아니다.

피의자는 아마추어고, 검사는 프로다. 따라서 피의자는 상황에 따라 진술거부권을 행사할 수 있다. 이때 피의자가 진술거부권을 행사하였다고 하여 유죄추정을 하거나 불이익한 간접증거로 삼을 수 없다.

대한민국 검찰은 절대 피의자의 권리 따위를 친절하게 보장해 주는 자상한 영감님들이 아니다. 심지어 피의자를 속이기까지 하면서 없는 죄도 만들어 낼 수 있음을 잊어서는 안 된다. 검사는 결코 피의자의 편이 아니라는 사실을 잊지 말자.

이재명 대표의 공소장
변경 가능성이 큰 이유

　　형사소송규칙 118조 2항에는 '공소장 일본주의'^{公訴狀一本主義}를 규정하고 있다. '검사가 공소를 제기할 때에는 원칙적으로 공소장 하나만을 제출해야 하고 그 밖의 사건에 관해 법원에 예단을 생기게 할 수 있는 서류 기타 물건을 첨부하거나 그 내용을 인용해서는 안 된다.'고 규정하고 있다.

　　재판부가 공소장에 적시된 범죄사실을 인지할 때 객관성을 유지하고 예단과 선입견을 갖지 않도록 하기 위해서다. 따라서 공소장에는 범죄사실이 아닌 다른 자료나 증거물을 포함할 수 없다. 그러나 검찰은 형사소송 규칙을 어기면서까지 공소장에 '범죄사실'이 아닌 '기타 사실'을 안 되는 줄 알면서도 고의적으로 삽입해 왔다.

　　공소장에 "쟤 나쁜 놈이에요. 밥 먹고 방구 뀌고 트림해

요.” 같은 따위 잡소리나 검사의 희망사항과 궁예 도사의 관심법에 입각한 마음속 일기를 써서는 안 된다. 그냥 사건과 범죄 혐의만 있는 그대로 그야말로 드라이하게 객관적으로 적시해야만 한다. 현재 이재명 대표의 재판에서 검찰이 위반하고 있는 ‘공소장 일본주의’가 문제가 되고 있다.

한편 검찰은 이재명 대표 수사와 관련하여 대장동 관련 200권, 위례신도시 관련 50권, 성남FC 관련 100권 등 450권으로, 장장 20만 페이지에 달하는, 가히 기네스북에 등재될 법한 어마어마한 수사기록을 법원에 제출했다.

참으로 혀를 내두를 만큼 근면하고, 소름 돋을 만큼 끈질기다. 그러나 태산명동서일필泰山鳴動鼠一匹이라는 말처럼, 애통절통하게도 그 악착같은 집요함만큼 내실 있는 수사를 보여주지 못하고 있다.

1년 반이 넘게 무려 수백 명의 수사 인력을 동원하여 400회에 이르는 압수수색을 펼치고서도 이재명 대표가 단 한 푼이라도 부정한 돈을 받았다는 증거는 고사하고 혐의조차 제시하지 못하고 있다. 그 와중에도 입증되지도 않은 수사기밀이 여보란 듯 언론에 불법 유출되고 있는데, 검찰이 한 짓이 아니라고 한다면 윤석열 대통령 패밀리가 그렇게 공경해마지 않는 도사님들을 모셔와 귀신 찾는 굿판이라도 벌여야 할 판이다.

검찰의 무분별한 수사로 인한 공소장 변경 남용의 예를 들어보자! 핫바지에 몰래몰래 방귀 뀌듯 냄새만 피우던 검찰은 결국 2023년 7월 자신들이 당차게 제시했던 대장동 사건에 대한 1차 공소장을 변경했다.

공소장 변경이라니!

이는 자신들의 공소사실을 스스로 부인하는 꼴이다. 검찰이 기소를 위해 작성된 공소장의 범죄사실이 수사를 하는 동안 고무줄 늘어나듯 검찰의 편의에 따라 늘어나버렸다.

검찰은 애초에 유동규가 대장동 민간사업자와 결탁해 성남도시개발공사에 최소 651억 원의 손해를 끼쳤다고 적시했다. 하지만 2차 공소장에서는 이재명 대표와 정진상 전 실장을 끼워 넣어 새롭게 구색을 맞추고 그 손해액도 4895억 원으로 대폭 상향 조정하는 착실한 기소방식을 선보였다.

뭐, 수사과정에서 새롭게 밝혀진 혐의를 추가했노라 말할수는 있겠다. 하지만 문제는 검찰의 공소장 변경으로 인해 기소 당시 제시했던 범죄 구조도 변경됐다는 데 있다. 즉 그동안 개고생하며 벌여 온 재판을 깡그리 뒤엎고 "이 산이 아닌가봐!"하며 처음부터 다시 재판을 진행해야 한다는 뜻이다.

이로써 1년 6개월 동안 검찰이 끌어왔던 재판은 검찰의 손에 의해 백지화됐다. 재판부는 대폭적인 공소장 변경으로 인해 수백 권, 수십만 장이 넘는 대하 수사기록을 면면히 다시 살펴봐야만 한다. 법원의 판사들이 사법고시를 준비하던 초심으로 돌아가 하루에 1권씩 정독하더라도 수사기록 열람에만 최소 1년이 넘는 시간이 필요하다. '아! 내가 이러려고 판사가 됐나' 싶은 자괴감이 밀려올 만하다.

문제는 여기서 그치지 않는다. 검찰이 제출한 2차 공소장 분량이 169쪽에 이른다. 가히 장편소설 한 편이다. 법을 정확히 모르는 일반인이 생각하기에는 '검찰이 기소의 사유를 세세하게 쓰다 보니 그렇게 됐겠지'라고 오해할 수 있겠다. 그러나 공소장은 절대 그렇게 장편소설을 써서는 안 된다.

그런 법이 있냐고? 물론이다. 검찰은 형사소송법 상 법절차를 무시하고 있는 거다.

검찰의 2차 공소장에는 앞서 언급한 '공소장 일본주의'를 위배한 변칙적인 '기타 사실'이 차고 넘친다. 만약 재판부가 검찰이 제시한 2차 공소장이 '공소장 일본주의'를 위반했다고 판단하면 유무죄와 상관없이 공소기각 판결을 해야 한다. 그러나 공소장 일본주의 위배라는 지적을 법원이 받아들이는 경우는 극히 드물다.

이쯤 되면 이재명 대표에 대한 공소장 역시 또다시 변경되지 말라는 법이 없다. 단언컨대 이번 사건이 언제 끝날지는 아무도 모를 것이다. 검찰 스스로도 모를걸? 누구도 단정할 수 없다.

지금 검찰이 보여주고 있는 변함없는 초지일관의 자세대로라면 윤석열 정권 중반부를 훌쩍 넘기고서도 최종 선고가 이뤄지지 않을지 모른다. 아직 1심도 치르지 못했다. 2심과 최종 대법원까지 가게 되면 어쩌면 윤석열 정권은 끝날지도 모른다.

그러나 잊지 말아야 할 점은 그 사이 22대 총선이 치러질 것이며, (검찰과 언론의 이재명 의혹에 대한 여론몰이 와중에) 지방선거와 21대 대통령선거가 시작될 것이다. 그리고 또 그 사이 검찰과 언론은 죄가 있든 없든 범죄의혹을 부풀리고 그럴싸하게 살을 붙여서 조국에게 그랬듯, 노무현에게 그랬듯, 이재명 대표를 죽음의 절벽으로 떠밀 것이다.

아, 통탄할 광인의 시대여!

검찰의
불법적 피의사실 공표

    지금까지 검찰의 올가미에 걸린 정치인과 기업인, 그리고 셀 수도 없는 많은 국민은 거짓인 줄 빤히 알면서도 법이라는 망나니의 칼날 앞에 가뭇없이 쓰러졌다. 검찰은 국가를 대리해 법을 집행하고 수호하는 공무원이다. 국민의 세금으로 봉급 받고 법의 이름으로 범죄를 밝혀내고 처벌함으로써 국민과 사회의 안녕과 질서를 지키는 파수꾼이다. 그리고 검찰에게 부여한 그 커다란 힘의 원천은 바로 국민이다.

    대한민국의 주권과 권력은 국민에게 있듯이 검찰 권력의 진정한 주인은 바로 국민이어야만 한다.

    그런데 지금 사냥개가 주인을 물어뜯고 덤비며 감히 스스로 주인이 되려 한다. 중국의 대문호 루쉰은 말했다.

    "물에 빠진 미친개는 죽도록 두들겨 패야 한다."

현 대한민국의 검찰은 권력의 단물에 빠져 스스로 권력이 되어 국민을 통치하려는 광견이 되어버렸다.

검찰이 법 권력을 정당하게 집행하기 위한 당위성을 획득하기 위해서는 법 적용에 있어 스스로 엄격해야 한다. 정의는 결과가 아니다. 정의로운 절차와 과정이 함께할 때 비로소 정의의 가치가 추앙받고 공인된다. 그러나 검찰은 법 권력이라는 창을 앞세워 수사권을 남용하고, 공소권을 제멋대로 휘두르며 재판진행에서조차 눈치는커녕 당당하게 불법을 저질러 왔다.

법적으로 금지된 피의사실 공표는 거의 실시간에 가깝게 언론에 유출되어 피의자를 도덕적으로 파탄시켰다. 덧붙여 강압적이고 모욕적인 수사에 자존감을 상실한 피의자는 해명하면 해명할수록 수렁에 빠져들어 종국에는 목숨과 진실을 맞바꾸어야만 했다.

피의사실 공표, 강압적 수사는 엄연한 범죄행위이다. 하지만 현재까지도 검찰은 잠시의 망설임도 없이 꿋꿋하게 지속하고 있다.

이와 함께 수사권 남용은 불법을 넘어 검찰 스스로 범죄를 기획하고 공모하는 지경에까지 이르렀다. 대부분의 수사는 고소 고발과 수사기관에 의한 범죄 인지에 의하여 시작된다. 중요한 점은 수사를 시작하는 과정에 검찰이 기소를 목적으로 인위적인 단서를 만들어서는 안 된다는 것이다. 다시 말하면 수사가 목표와 대상을 표적화한 후 처벌을 목적으로 하는 수사를 개시해서는 안 된다는 말이다.

수사에 있어서 합리적 의심은 필요하지만 합리성이 자의적 판단으로 변질되거나 아니면 합리성을 가장하여 혐의를 기획하고 조작하는 일은 엄연한 수사권 남용이다. 하지만 검찰은 스스로 지켜야 할 법조문은 가볍게 무시하고 그동안 숱한 표적수사를 일삼아 왔다.

표적이 된 피의자의 혐의를 구성하기 위해서 아들, 딸, 부인, 부모, 형제자매는 물론이거니와 친구, 선배, 후배, 지인들에게까지 수사 대상을 확대한 후 무차별적인 압수수색이라는 집속탄 포격으로 피의자 주변을 초토화시켰다.

알뜰하게도 여고생의 일기장을 챙기고, 기자의 알권리를 충족시켜줄 개인의 사생활을 들춰내 성실하게 제공하고, 그래도 혐의가 발견되지 않을 때는 없는 의혹이라도 부풀려 유포하는 천인공노할 만행을 수사권이라는 이름으로 남용해 왔다.

여기서 멈추지 않고 혐의에 대한 증거를 찾을 수 없을 경우 증거조작을 발명해 내는 창조적 수사까지 시현해 왔다. 서류를 위조하고 적법한 변호권을 막고 증인을 교사하여 위증을 종용할 만큼 담대한 기획력을 유감없이 발휘했다. 그리고 이 모든 불법 정황은 언론에 제공되어 왔다.

피의사실 공표는 불법이다.

형법 126조에는 피의사실 공표의 주체는 "검찰, 경찰 기타 범죄 수사에 관한 직무를 행하는 자 또는 이를 감독하거나 보조하는 자"로 규정하고 있다. 그러나 지금까지 피의사실 공표 혐의로 수사 받은 검사는 없다. 당연히 처벌도 없다. 그러다 보니 검찰의 입장에서는 피의사실 공표를 수사의 관행처럼 여겼으며, 지금도 변함없이 스스럼없이 불법을 자행하고 있다.

검찰이 조직적으로 피의사실을 공표하더라도 이를 입증하고 조사할 당사자가 바로 검찰이다. 공수처가 생겼지만 설령 조사를 한다고 하더라도 내부자 고발이 없는 한 심증만 있지 물증을 찾을 방법이 없다. 그러나 상식적으로 추론해 보면 얼마나 부조리한 모순인지 금방 알 수 있다. 피의사실 공표는 수사기관이 아니면 구조적으로 유출될 수 없기 때문이다.

만약 검찰이 흘리지 않았다면 이는 귀신의 소행이다.

귀신도 못 잡고 검찰도 못 잡는 있으나 마나 한 피의사실 공표죄는 반드시 개정되어야 한다. 누설 경위에 대해서 책임을 물어야 한다.

피의 사실이 누설될 경우 즉각적인 공수처 이관과 함께 기밀보안 의무를 다하지 못한 해당 수사 관계자와 관리 감독을 제대로 못한 상급자에게도 연대 책임을 물어야 할 것이다.

스스로의 범죄를 부끄러워하는 검사를 보고 싶다.

수사기밀과
언론보도자료

고백하거니와 이 책을 쓰게 된 큰 동인 중 하나가 언론과 검찰의 유착으로 인한 불법을 고발하기 위해서다.

필자는 운명처럼 대장동 사건의 핵심인사 유동규 씨의 변호인이 됐지만 또 운명처럼 의뢰인 유동규와 검찰에 의해 '가짜 변호사'가 되어 사실관계 확인도 없는 언론의 무차별한 집중포화를 받았다.

피해를 당해 본 당사자로서 하는 얘기인데, 왜 많은 사람들이 언론을 쓰레기라고 하고, 기자를 기레기라고 부르는지 알 것 같았다. 언론은 그야말로 묻지도 따지지도 않았다. 그저 검찰발 허위사실을 마치 사실인 것처럼 게걸스럽게 주워 먹고 확인 검증도 거치지 않은 사실을 토해내기에 여념이 없었다.

쓰레기를 치워야 할 언론이 스스로 냄새나는 토사물을 게

위내고 있으니 이 어찌 환경오염의 주범이 아닐 수 있으랴? 이미 검찰과 한통속이 된 언론은 정말 겁도 없고 법도 없이 무작정 들이대고 제멋대로 써대며 민주사회 최후의 보루인 시민의 인권유린에 보무도 당당하게 앞장서고 있다.

펜은 칼보다 강하다고? 펜이 강한 것이 아니다. 검찰의 칼과 언론의 펜이 에너지보전의 법칙에 따라 공생적 관계로 강고하게 뭉쳐 있기 때문에 때로는 펜이 강한 것처럼 보이고, 더러는 칼이 강해 보이는 것뿐이다.

기자의 펜은 강하기 이전에 정직해야 한다. 거짓을 쓰는 펜은 대중에게 독약을 유포하는 범죄다.

검찰은 거짓을 지어내고 언론은 거짓의 날것에 양념을 쳐서 널리널리 배포하고 당당하게 여론을 획책한다. 이 끈끈한 검언유착이 대한민국 최고 권력을 만들어냈다.

검찰과 언론의 공고한 카르텔은 세계에서 유래를 찾을 수 없는 막강한 권력을 만들었다. 그리고 이 두 권력은 아무런 견제장치도 없이 거짓의 칼과 펜을 휘두르며 대한민국을 좌지우지하고 있다.

대한민국 역사에서 셀 수도 없을 만큼 숱한 과오와 불법에도 불구하고 단 한 번도 국민적 심판을 받지 않은 두 권력이 바로 사법권력과 언론권력이다. 지금까지 무소불위의 두 권력과 맞선 사람은 죽임을 당하거나 삼족이 멸할 만큼 패가망신을 했다. 그래서 모두 검찰을 두려워하고 언론의 눈치를 본다.

나 역시 겁 많은 일개 시민일 뿐이다. 변호사로서 검찰에 찍혀 봤자 좋은 일이 있을 리 없고, 시와 때를 가리지 않는 기자들의 뻗치기와 수백 통의 전화, 창작된 그들만의 소설로 얼마나 잔인하게 내 인격과 주변을 갈기갈기 찢어 놓을지 두렵다. 그리고 이 책이 출판되고 나면 어떤 불상사가 내 앞에 현실이 되어 나타날지 모른다.

특정 정치인이 기소되고 피의자가 되면 제일 먼저 아는 집단이 기자들이다. 도대체 기자들은 이 사실을 어떻게 알까? 검찰이 의도적으로 사전에 기자들에게 알려주지 않고서는 설명될 수 없는 초자연적인 현상이다.

물론 국민의 알권리를 위한 공익적 의도였노라 변명할 수 있다. 눈치 빠르고 잘 엿듣는 필요충분조건을 갖춘 민완기자의 노력이라고 떠넘길 수도 있다.

언론이 특정 공인의 혐의 사실을 보도하는 일은 법으로 처벌도 받지 않는다. 이런 사실을 누구보다 잘 알고 있는 검찰이 언론을 악용하는 데는 그야말로 귀신이다.

검찰은 언론을 악용하여 사건을 시작하기도 전에 표적수사의 대상에 대한 망신주기를 시작한다. 정치인은 유무죄와 상관없이 불법 혐의만 받아도 치명상을 입는다. 검찰은 물론 이 사실을 아주 정확하게 알고 있다. 피의사실을 불법으로 유출하여 언론으로 하여금 혐의를 기정사실화 하도록 획책하는 것이다. 검찰과 언론의 짬짜미는 공식처럼 정형화되어 굳이 새삼스러울 것도 없다.

먼저 검찰이 은밀히 정보를 흘리면 언론은 부풀려서 보도한다. 한 번의 특종과 단독보도는 다른 언론사의 매끈한 '우라까이'를 통해, 즉 다른 기자가 작성한 기사를 적당히 바꾸어 자신의 기사로 만드는 행위를 통해 권커니 잣거니 풍성해진다. 뉴스가 서너 바퀴 돌다 보면 원래의 팩트는 사라지고 자극적인 헤드라인과 내용이 곁들여지기 마련이다.

이 과정에서 확인되지 않은 의혹은 실시간으로 유포되고 혐의는 더 커진다. 수사에 대한 여론이 극에 달하면 검찰은 기다렸다는 듯 넌지시 출석을 요청하고, 검찰청 앞에 진을 친 수백 명 사진기자들의 플래시 세례를 받아야 한다.

그리고 언론은 이를 전국적으로 생중계한다. 기억할 것이다. 노무현 전 대통령의 경우 헬기까지 동원됐다.

이후 수사과정에서의 세세한 내용은 밤낮으로 생중계된다. 혐의가 뉴스로 도배되고 나면 수사가 훨씬 용이해진다. 언론심판으로 융단폭격을 맞은 피의자 대부분은 패닉에 빠지고, 검찰은 룰루랄라 피의자의 수사태도까지 상세하게 흘려주는 일을 마다하지 않는다.

언론을 통한 여론재판은 직간접적으로 재판에 영향을 끼친다. 법원은 여론을 무시할 수 없기 때문이다. 문제는 여론재판에는 피의자의 방어권이 보장될 수 없으며 형이 확정되기 전까지 보장받아야 할 무죄추정의 원칙이 훼손돼 버린다는 점이다. 시간이 한참 흐르고 난 뒤, 언론에 불법적으로 공표된 피의사실이 거짓으로 밝혀지더라도 이에 대해 검찰도, 언론도, 누구도 책임지지 않는다.

민주주의의 가치와 인권을 수호하는 검찰이라면 빠른 수사로 혐의를 입증해내거나, 아니면 혐의 없음을 밝혀 개인이 피해당하는 일이 없도록 최선을 다해야 한다. 언론 역시 추측성 보도, 개연성 보도 등 미확인된 정보를 사실인 것처럼 보도해서는 안 된다. 언론의 가장 큰 사명은 사회의 목탁이지 알 권리를 빙자한 인권의 말살이 아니다.

검찰과 언론은 그렇게 노무현 대통령을 죽음으로 몰아가고, 조국 장관에 대한 수만 건의 의혹보도를 양산했다. 광풍처럼 몰아쳤던 그 미친 보도가 얼마나 사실에 입각했는지, 그리고 사실이 밝혀진 후 그 어떤 사죄와 처벌이 있었는지 아무도 모른다.

지금도 윤석열 정권의 검찰과 언론은 새로운 정치사냥에 몰두하고 있다.

| 3부 |

조국을 위한
변명

조국 사태에 대한
단상

이른바 '조국 사태'는 간단하다.

검찰의 권력과 이익을 지키려는 자들이 법무장관 조국을 죽이려 한 사건이다. 그리고 조국 장관은 죽음의 구렁텅이로 내몰렸고, 검찰은 기사회생했다.

아내 문제, 딸 문제? 다 잡소리다.

죄는 과도하게 부풀려졌고 처벌은 죽음만큼 혹독했다.

평생 쌓은 인격은 무너졌고 부모와 형제, 아내, 딸과 아들 3족은 천 길 낭떠러지로 추락했다. 그리고 꺼진 불도 다시 보는 검찰의 집요함은 지금도 조국을 완전히 죽이기 위해서 마지막까지 성심어린 최선을 다하고 있다.

다시는 검찰 권력에 맞설 엄두를 내지 못하게, 모가지를 댕강 잘라 저잣거리에 효수하고 자식의 배를 갈라 간을 도려내는 잔인한 핏빛 보복으로 여보란 듯 국민을 겁박하고 있다.

검찰개혁을 꿈꾼 조국은 반역의 십자가에 못 박혔다.

절망의 어둠 속에서는 한 자루의 촛불도 희망이다.

떨리는 손으로 촛불에 불을 붙인다.

진실이 항상 이기는 것은 아니다. 진실을 품고 한 걸음, 한 걸음 나서는 사람이 있는 한 언젠가 거짓은 드러나기 마련이다. 아파도 역사다.

청와대에서 바라본
조국 민정수석

    조국 전 장관을 처음 만난 것은 문재인 정부 출범 초기 청와대에서였다.

    나는 민정수석실의 행정관이었으며, 조국은 문재인 정부의 검찰개혁을 기획하고 지휘하는 민정수석이었다. 상사인 것을 떠나 인간으로서 조국 민정수석은 따뜻한 휴머니스트였다.

    모두에게 친절했고, 수석실 방문은 늘 열려 있어서 누구라도 자신의 의견을 말할 수 있을 만큼 개방적이었다. 문재인 정부 초기 민정수석실은 눈이 돌아갈 만큼 바빴다. 우리는 좀 더 정의로운 나라를 만들기 위해 정말 미친 듯이 일했다.

    그동안 역대 정권의 청와대 민정수석실은 검사들이 파견되어 왔다. 하지만 문재인 정부 들어서는 현직 검사를 파견 받지 않고 나를 비롯한 변호사 몇 명이 그 자리를 채웠다. 검사 파견이 없었으니 수많은 청와대 업무와 정책, 대통령의 지시 등에 대한 법적 타당성을 따지는 일은 수석실 법조인 출신 행정관들에게 할당됐다. 법조인 출신인 문재인 대통령은 주요 현안에 대해서는 세부적인 일까지 법적으로 확실하게 검토하는 스타일이었다. 그랬기에 그야말로 업무가 폭주했다.

이와 함께 문재인 정부가 공들이고 있던 검찰개혁의 정책 초안과 기획까지 온전히 민정수석실의 업무였다. 나 역시 검찰개혁 준비TF에서 실무를 맡았다.

조국 수석은 가끔씩 늦은 시간까지 일하는 직원들과 함께 청와대 앞 허름한 식당에서 소주잔을 부딪쳤고 자리에서 먼저 일어난 적이 없을 정도로 부하들에 대한 애정과 예의가 깍듯했다. 먼저 말하기보다는 늘 듣는 사람이었으며, 일을 지시할 때도 업무처리의 방향성을 꼼꼼히 챙기고 결과에 대해서는 자신보다 부하의 공을 먼저 앞세웠다.

민정수석실 직원 모두 늘 잠이 모자랄 만큼 격무에 시달렸지만 조국 수석의 올곧은 자세에 스스로 마음을 다잡았다. 돌이켜 보니 그때가 참으로 행복했다.

청와대에서 조국 전 장관을 만난 것은 내 삶에 커다란 변곡점이 되었다. 고백하건대, 일에 대한 원칙과 낮은 자세로 최선을 다하고 상대방을 배려하는 조국이라는 사람의 태도에서 큰 감명을 받았다. 인품으로 보나, 능력으로 보나, 일에 대한 자세에 이르기까지 정말 좋은 상사이자 따르고 싶은 선배였으며, 믿을 수 있는 형이었다.

조국 수석을 떠올리면 언제나 가슴이 아린다.

옆에서 지켜본 조국은 검찰개혁을 대한민국 민주화 완성의 과제로 여기고 있는 것처럼 보였다. 속내를 쉽게 드러내지 않았지만, 검찰개혁의 소명을 가진 학자로서 어쩔 수 없이 문재인 정부에 복무하는 투사처럼 보였다.

한시라도 빨리 자신의 임무를 끝내고 다시 학교로 돌아가고 싶은 마음을 감춘 채.

교수 시절부터 검찰 개혁의 필요성을 적극 주장해 왔으니 스스로 뿌린 말을 행동으로 실천해야 했을 것이다. 검찰을 비롯한 경찰 그리고 국정원까지 권력기관의 개혁이 자신의 소명이라고 생각하는 사람이었다.

개혁에 대한 열정은 누구보다 뜨거웠으며, 신념을 지키는 일에는 조금도 흔들리지 않았다.

한 번은 내게 가능한 한 자신보다 더 오래 청와대에 남아서 문재인 대통령을 임기 끝까지 보필해야 한다고 말했다. 그러겠노라 말했던 것 같은데, 난 약속을 지키지 못했다.

그런데 왜 내게 그런 말을 했을까? 돌이켜 생각해 보면 사람에 대한 진정성이 조국의 마음을 가득 채우고 있었던 것 같다.

조국은 대통령 문재인이 아닌, 사람 문재인을 좋아했다. 조국의 가슴에는 사람에 대한 진정성이 올바른 역사를 만드는 시작이라고 새겨져 있는지 모른다.

1. 촛불시민혁명의 정신을 구현하는 민정
2. 문재인 대통령님의 국정철학을 실천하는 민정
3. 권력기관에는 엄격하고 국민에게는 따뜻한 민정
4. 법률과 절차를 중시하는 민정
5. 사적 권력을 추구하지 않는 민정
6. 구성원들의 다양성, 경력, 능력을 종합하는 민정

조국 수석이 민정수석실에 근무하는 모든 직원들에게 항상 강조하던 말이다. 당시 행정관들은 이 말을 근무준칙으로 여기고 일했다. 나 역시 청와대에서 근무할 때 프린트로 출력하여 항상 지갑 속에 넣고 다녔다.

조국을 믿는 만큼 조국이 다시 일어서리라는 사실도 믿는다. 그리고 난 좋은 사람으로, 좋은 사람 조국의 곁에 있을 것이다.

"조국 장관님, 고맙습니다. 함께 이겨냅시다."

문재인 정부의
검찰개혁 드라이브

문재인 정부 검찰개혁의 핵심은 두 가지로 요약할 수 있다.

첫째는 민주공화국의 유지를 위해 권력기관이 행사해 온 법치를 똑바로 세워 주권자인 국민에게 돌려주는 일이다. 둘째는 위임받은 검찰 권력을 민주적인 절차로 견제하고 통제하는 프로세스를 구축하는 일이다.

문재인 정부는 그 구체적 실현 방안으로 검·경 수사권을 조정하고, 고위공직자범죄수사처 설치를 내걸었다.

그러나 이 두 가지 원칙은 검찰 입장에서는 결코 빼앗기고 싶지 않은 핵심 권력이었다.

개혁하려는 세력과 개혁에 저항하는 세력의 부딪힘은 예견된 수순이었다. 그리고 그 개혁하는 세력의 정점에 조국이라는 인물이 버티고 있었다. 개혁을 저지하려는 검찰의 입장에서는 검찰개혁론자 조국은 애초부터 건곤일척, 목숨을 건 일합을 피할 수 없는 숙명의 적장이었다.

조국이 법무부 장관을 맡는다는 사실만으로도 검찰은 공포를 느꼈을지 모른다. 조국의 결단력과 검찰개혁의 실행력은 신속하고 정확했다.

문재인 대통령 역시 지난 참여정부의 전철을 되풀이하지 않겠다는 의지를 공공연하게 천명했다. 2017년 8월 법무부의 첫 업무보고에서 문재인 대통령은 "과감한 결단과 양보"라는 표현을 쓸 만큼 신속한 개혁을 지시했다.

곧바로 법무부 산하에 법무·검찰개혁위원회를 발족하고 연이어 2017년 9월, 고위공직자범죄수사처 설치·운영 법안을 권고했다. 이와 함께 수사권조정의 핵심부서인 법무부와 행정안전부를 독려하여 2018년 1월 박상기 법무부 장관과 김부겸 행정안전부 장관이 검경 수사권 조정에 합의했다.

검찰과 경찰의 수사권 샅바싸움을 막기 위해 청와대에서 직접 주도권을 행사했다. 대통령과 조국은 개혁 대상에게 개혁을 맡긴 참여정부의 실패를 정확하게 알고 있었다.

공수처 설치와 검경 수사권 조정 관련 법안은 2017년과 2018년 국회로 보내졌다. 청와대가 검찰개혁의 컨트롤타워였으며, 그 개혁의 총괄은 조국이었다.

검찰이 조국에게 공포를 느낄 만도 했다.

검찰권력의 대척점에
서 있던 조국

진실은 늘 거짓보다 늦게 나타난다.

개혁하려는 사람과 개혁에 저항하려는 사람들의 싸움에서 조국은 졌다. 검찰은 총칼을 든 잘 훈련된 군대였지만 조국에겐 의로운 죽창과 국민의 지지촛불밖에 없었다.

분명한 사실은 단 하나다. 검찰 입장에서는 조국을 완전히 죽여야 검찰이 완전히 이기는 싸움이었다.

그러나 조국의 뒤에 수천, 수만, 수백만 명의 조국이 있다는 사실은 미처 몰랐다. 죽이고 또 죽여도 결코 죽지 않는 조국을 지키려는 사람들이 있다는 사실을.

조국 수석이 법무부 장관에 내정되는 순간, 검찰에겐 개혁에 대한 불안감이 현실이 되었다. 중독자들에게는 금단보다 투약중단에 대한 상상이 더 고통스러운 법이다. 언제나 상상은 실제보다 훨씬 더 두렵고 견디기 힘들기 때문이다.

검찰 내부에서 어떤 프로세스를 거쳐 조국 죽이기가 시작됐는지 정확한 사정은 알지 못한다. 하지만 검찰이라는 집단의 생리를 아는 사람으로서 그 과정을 유추해 볼 수는 있다.

윤석열이라는 강골검사가 검찰총장이 되고 난 후, 검찰은 그동안 낮은 자세로 숨겨 왔던 검찰개혁에 대한 저항의 발톱을 본격적으로 드러냈다. 대통령 윤석열도 단순하지만 검사 윤석열은 더 단순했다.

윤석열이라는 자연인은 평생을 검사로 살아 왔다. 검찰이라는 조직이 권력을 형성해 가는 과정을 지켜보면서 추호의 망설임도 없이 조직의 이익에 복무하며 충성해 온 사람이다.

검찰을 사랑하지만 사람에게 충성하지 않는다는 말은 실로 섬뜩하다. 그 말 속에는 검찰조직이 가진 부조리, 그들이 향유해 온 불의한 권력을 사랑한다는 의미가 내포되어 있기 때문이다.

사람보다 조직을 사랑하고 맹종하는 대표적 집단은 조폭이다. 조폭은 조직을 위해 목숨을 건다. 깡패가 아무리 순박해 보이고 의리가 있어도 깡패는 깡패다. 자기들끼리는 순박해 보여도 패거리를 지키는 일에는 충성을 다하며, 옳고 그름을 따지기 이전에 조직을 먼저 생각한다.

사회과학에서는 이런 부류를 '확신범'이라고 한다. 일제의 순사들도, 군사독재의 군인들도 그 옹골진 확신으로 동족을 때려잡고 국민을 학살했다.

검찰총장 윤석열은 조직을 위기로부터 구해내야 한다는 사명감으로 똘똘 뭉친 인물이었다. 그러니 자신들만의 권력을 지키기 위한 저항의 깃발을 들고 검찰권력의 대척점에 서 있던 조국이라는 인물을 끌어내리는 것은 예정된 수순이었을지 모른다.

조국이 미워서 그랬던 것은 아닐 것이다. 조국이 그 자리에 있었기 때문이다.

사냥꾼과
사냥개들

정권 출범 초기라서 그렇기도 했지만 검찰 수뇌부는 표면적으로 검찰개혁에 반대의 뜻을 드러내지 않았다. 하지만 개혁의 방향성과 세부적 정책 입안에서는 자신들의 입장을 또렷하게 견지했다. 조국이라는 검찰개혁 강경론자에 대한 검찰의 적의감은 그때부터 수면 아래에서 조용히 잠복해 있었다고 보는 것이 옳다.

그에 반해 조국은 검찰의 개혁반발을 예상은 했겠지만 적어도 그처럼 악랄하고 집요할 줄은 미처 몰랐던 것 같다. 결과론이지만 권력을 빼앗기지 않으려 목숨을 건 집단에게 '비상식적, 비윤리적'이라는 비판은 낭만적일 정도이다.

어쩌다 검찰은 권력에 목숨을 건 집단이 되어버렸을까? 조국 죽이기는 검찰 내부의 보고서로 시작됐을 개연성이 크다.

검찰 내 누군가가 장관 예정자 검증이라는 명목으로 조국을 탈탈 털었을 것이다. 표적수사로 다져온 내공이 있는 만큼 그리 어려운 일도 아니었을 것이다. 취합된 정보가 총장에게 보고되는 것은 관례적 수순이다. 그런데 누가 정보를 그러모아 편집하고 분석할까?

검찰 내에는 소위 말하는 '범정'이라 불리는 조직이 있다. 기업과 국회, 언론 등을 어슬렁거리며 범죄·수사 정보를 수집하는 부서다. 정식 명칭은 범죄정보기획관실이다.

수집된 정보는 검찰특수부를 중심으로 일선 부서에 배당되어 수사를 개시할 수 있는 근거로 사용된다. 어느 영화 속에 나오는 것처럼 검찰 정보 캐비닛을 유지하고 관리하는, 검찰 내에서도 잘 나가는 막강 부서다.

그러나 대외적으로 알려진 역할을 넘어 검찰총장을 위한 별동부대라는 시각도 있다. 검찰총장 직보 라인을 구축하고 담당 범정 수사관들이 범죄정보보다 검찰총장과 이를 둘러싼 이슈 파악에 더 집중했기 때문이다.

그 문제점들이 민간 사찰문제로까지 비화되자 문재인 정부는 범정의 기능과 조직을 대폭 축소해버렸다. 범죄정보기획관실의 명칭을 수사정보정책관실로 개편하고, 그 규모도 40명에서 20명 수준으로 줄였다.

이후 수사정보정책관실도 정보관리담당관실로, 책임자도

부장검사급으로 격하됐다.

범정의 역할도 수사 외 정보는 다룰 수 없도록 제한하고, 수사관련 정보업무를 분리하여 기획적인 사찰을 하지 못하게 했다. 이와 함께 검사가 수사 개시가 힘든 경우에만 범죄 관련 정보를 수집할 수 있도록 정보수집 범위도 제한했다. 검찰의 권력 남용을 막기 위한 조처였다.

하지만 범정의 효용성을 잘 알고 있는 검찰은 결코 그 단 맛을 잊지 못했다. 결국 윤석열 정권 출범 이후 한동훈 법무부 장관은 축소된 범정의 기능과 역할을 되살렸다. 아니 오히려 더 강화했다고 해야 옳겠다.

조국 법무부 장관 예정자에 대한 정보를 수집한 곳도 범정일 가능성이 매우 크다. 범정 라인에 의해 수집된 조국 예정자에 대한 신상 및 가족에 대한 정보가 윤석열 총장에게까지 보고되었으리라 유추하는 것은 매우 합리적인 의심이다.

그동안의 검찰 관례였다. 늘 그래왔다니까!

조국 법무부 장관 임명 발표가 가까워지자 윤석열 총장이 대통령 독대를 요청했다는 설이 언론에 보도됐다. 검찰총장이 대통령을 독대한다는 것을 쉽게 생각하면 안 된다. 특히 문재인 대통령은 권력기관의 보고를 매우 엄격히 제한해 온 것으로 알려졌다. 이 사실을 윤석열 검찰총장이 몰랐을 리 없다.

그럼에도 불구하고 윤석열 총장은 무슨 이유로 대통령 독대를 요청했을까?

이 보도가 시사하는 바는 그만큼 윤석열 총장이 조국 법무장관 예정자를 반대할 확실한 정보를 가지고 있었다는 뜻이기도 하다.

도대체 독대를 해서라도 반대를 요청할 중대 정보가 무엇일까? 그리고 과연 누가 이토록 확신에 찬 보고서를 만들어 윤석열 총장의 마음을 움직였을까?

그 사실을 확인하는 데는 긴 시간이 필요하지 않았다. 검찰이 조국 예정자에 대한 총공격에 나섰기 때문이다.

검찰의 언론플레이와
선택적 기자 정신

윤석열 총장의 독대 보고가 불발되고 난 이후, 기다렸다는 듯 언론에 조국에 대한 의혹이 봇물처럼 쏟아지기 시작했다. 언론의 노련함인지 검찰의 유능함인지는 모르지만 조국 예정자에 대한 첫 비난의 물꼬는 수구세력이 전가의 보도처럼 휘두르던 색깔론이었다.

이념 문제를 건드리면 보수지지자들이 결집한다는 사실을 정확히 알고 있는 숙련된 기획자의 작품이 틀림없다. 보수 언론을 중심으로 '조국 사노맹' 문제가 연일 보도됐다.

이후 본격적인 주변인 털기에 나섰다. 웅동학원 회계 관련 의혹과 사모펀드 의혹이 잘 기획된 순서처럼 연이어 터져 나왔다. 기획력을 가진 준비된 세력이 제공하지 않았다면 상상할 수조차 없을 정도로 세세하고 분석적인 정보들이 짠 듯이 언론의 법조팀 기자들에게 단독과 특종을 몰아줬다.

그때까지 검찰개혁에 대한 지지 여론이 워낙 높던 터라 반응이 신통치 않자 드디어 자녀 문제로 칼날이 옮겨가기 시작했다. 한국에서 가장 첨예한 이슈 중 하나가 자녀들의 입시다. 사찰에 가까운 정보수집이 아니면 죽어도 모를 개인 정보들이 기사로 엮여 언론을 도배하기 시작했다.

드디어 부정적 여론이 분출되기 시작했다.

이념으로 지지층을 결집하고 금전 비리의혹으로 도덕성을 훼손한 뒤, 자녀입시 의혹으로 결정타를 날렸다.

브라보! 참으로 노회하고 상상을 불허할 정도로 수준 높은 언론플레이의 진면목을 보여주었다.

뒤를 이어 표창장 위조, 허위 인턴, 허위 논문 등 놀라운 정보력이 동원된 백화점식 의혹보도가 독자가 미처 따라가지 못할 만큼 낭자하게 쏟아져 내렸다.

그리고 의혹보도 대부분은 검찰이 아니면 결코 알 수 없는 정보들이었다.

그 사실들을 마치 주워들은 듯 척척 찾아내는 기자들의 유능함을 보고 있노라면 왜 대중이 이토록 소중한 인재들을 '기레기'라고 폄하하는지 이유를 모르겠다.

다소 아쉽다면 기자들이 철저하게 발로 뛴 의혹 대부분이 사실인지는 확인할 수 없었다는 점이다. 그리고 까닭 모를 이유로 검찰에게 불리한 사실과 조국 예정자에게 조금이라도 유리한 사실은 거의 보도되지 않는 불가사의함을 남겼다.

어쩌면 훗날 언론을 공부할 후학들을 위한 선배로서의 도타운 배려일지도 모르겠다.

살을 가르고
뼈를 발라라!

수만 건의 보도가 거의 24시간 실시간으로 터져 나오자 검찰은 마치 때를 기다렸다는 듯 조국 수사를 개시했다.

단군 이래 최단 시간, 최대 수사였다. 윤석열 총장은 기록적 행사에 소외감이 없도록 특수부 검사 거의 전원을 참여시켰다고 하니, 그 지극한 배려심에 눈물이 날 지경이다.

하지만 이와 같은 융탄 폭격도 성에 안 찼는지 폭탄주 돌리던 습성을 살려 서울중앙지검 2차장 예하 강력부 검사와 머나먼 서울남부지검에서까지 차출을 마다하지 않았다는 이야기가 전설처럼 서초동 법조계를 떠돌았으나 확인을 담당해 줄 검찰은 일단 사실이 아니라고 부인했다.

검찰은 마치 역모를 찾아내겠다는 듯이 수사 개시 한 달 만에 가정과 학교, 회사와 기업을 막론하고 70여 곳을 압수수색하는 쾌거를 이룩했다. 그러나 짜장면을 시켜 먹어가며 압수수색을 벌인 땀과 눈물이 헛되게, 뱉어 놓은 수백 건의 각종 범죄의혹에도 불구하고 조국 장관의 기소는 양도 내용도 미진했다.

검찰이 일으킨 일진광풍이 얼마나 전례 없는 공권력의 남용이었는지 기록으로 남겨두기 위해서라도 그 내역을 한번 살펴보도록 하자.

검찰수사상 단일사건으로 최대 인원과 물량을 투입했다. 검찰은 적폐수사 최순실 국정농단 사건에서도 이처럼 화끈하고 장대한 기개를 보인 적이 없었다. 검찰의 특수부가 총동원됐지만 이전까지 특수부에서 입시비리를 수사한 일은 검찰 역사상 처음이었으며, 앞으로도 없을 것이다.

조국 전 장관과 그 가족에 대한 상상을 초월하는 무지막지한 수사는 검찰이 조국 사건을 국기문란에 준하는 엄청난 사건으로 규정했다는 사실을 의미한다. 검찰이 지금까지 보여준 노무현 전 대통령 사건, 한명숙 전 총리 사건에서도 시연하지 않았던 부모·형제, 본인과 처, 자식을 망라한 멸문지화 수사는 처음이었다.

그렇다면 왜 이토록 검찰은 조국에게 집착했을까?

권력을 빼앗기는 것이 두려웠을 것이다. 그래서 검찰개혁의 상징을 처참하게 죽임으로써 검찰 권력의 힘이 얼마나 막강하고 무서운지 증명하고자 함이다. 검찰개혁이라는 미몽을 깨부숴서 다시는 그 누구도 감히 검찰에 맞서 눈도 뜨지 못하게 만들기 위해서였다.

검찰은 조국을 죽임으로써 검찰개혁을 죽이고, 민주주의를 죽이고, 공화국의 가치를 죽였다. 그리고 검찰에 의한, 검찰을 위한, 검찰의 나라의 막을 올렸다.

어쩌면 검찰쿠데타는 성공했는지 모른다. 쿠데타에 성공한 군인들이 군홧발로 국회를 짓밟고, 총칼로 국민을 학살하고 독재의 완력으로 국민의 입을 틀어막았듯, 지금 윤석열 정권의 검찰은 야당인사를 짓밟고 국민이 죽어가도 모르쇠로 일관하며 언론을 통제하려 안간힘을 쏟고 있다.

그러나 이승만이 그랬듯, 박정희가 그랬듯, 전두환이 그랬던 것처럼 도도한 역사의 물결은 기어이 국민의 승리를 만들어낸다.

결국 국민이 이긴다.

촛불과
검찰개혁

촛불은 어둠의 세상을 밝힐 수 없다. 그러나, 어둠 속에서 희망의 불꽃이 될 수는 있다.

서초동 서울중앙지검 정문 앞에는 수백만 개의 촛불이 파도처럼 일렁거렸다. 서초에서 반포까지, 희망을 지키려는 사람들의 긴 행렬 속을 거닐며 나는 이 간절한 소망이 부디 꺼지지 않기를 내가 믿는 신께 기도드렸다.

'검찰개혁'

'조국 수호'

'정치검찰 OUT'

권력에 대한 저항이었다. 시대정신이 담긴 민중의 웅변이었다.

1987년 이후 선출된 권력에 대한 형식적 민주화가 이뤄졌지만 선출되지 않는 권력은 여전히 강고하게 한국사회를 지배하고 있다. 그 중심에 검찰 권력이 자리 잡고, 언론권력이 행동대장으로 나서고, 암묵적 사법 권력이 보조를 맞추고 있다.

단 한 번도 심판받지 않은 금단의 권력에 대한 민중의 저항이 서초동 검찰청 주위를 불꽃으로 에워쌌다. 조국은 그 시대적 적폐를 청산하는 상징이었다.

촛불시민은 조국이라는 개인의 지지를 넘어 부패한 시대적 병폐를 도려내는 상징에 힘을 모으고 있었다. 서초동에 모인 장삼이사의 평범한 시민 개개인은 힘이 없다. 그 많은 시민이 생업을 부려놓고 광장에 모인 이유는 검찰수사의 불공정과 부당함에 대한 항거였다.

검찰도 정치도 촛불의 민심을 직시해야 한다.

윤석열 검찰총장은 '검찰개혁에 관한 입장문'을 내어 "검찰개혁을 위한 국민의 뜻과 국회의 결정을 검찰은 충실히 받들겠다."고 밝혔다. 하지만 그 후 4년이 지났지만 검찰개혁을 위한 국민의 뜻과 국회의 결정은 받아들여지지 않았다. 무리한 수사와 부당한 인권침해는 여전히 반복되고 민주주의와 삼권분립의 원칙이 검찰 권력에 의해 무너지고 있다.

서초동 촛불은 검찰의 무소불위 행태에 대한 심판의 경고

였지만 광장을 가득 채운 촛불은 사라졌다. 공수처가 발족되고 검찰개혁법안 입법이 마무리됐지만 변한 건 없다. 검찰개혁은 이룬 것도 없이 이뤄져버렸다.

정치는 권력에 부역하고 자본의 앞잡이가 된 지 오래다. 시민들은 올바른 정치가 사라진 의사당을 버리고 광장에서 희망을 붙잡기 위해 촛불을 들고 있다.

희망은 힘이 아니다. 다만 희망을 향해 나아가는 사람의 목표다. 믿음이 있는 한 절망은 과거형이고 희망은 진행형이다.

우리는 그 희망에 대한 믿음으로 한 걸음씩 나아간다.

죽어도
죽을 수 없는 사람

공수처법 통과가 검찰개혁의 완성은 결코 아니다. 반쪽짜리 수사권 분리마저 시행령으로 무너진 지금, 검찰은 더 강한 힘으로 불사조처럼 부활했다.

윤석열 정부는 검찰 수사권 축소 법안을 시행령으로 무력화시켰다. 그리고 악명을 떨치던 검찰 정보조직 확대 시행령을 통과시켜 검찰개혁 이전으로 되돌려놓았다.

다시 처음부터 찬찬히 되돌아봐야 한다. 우리는 무엇을 오판하고, 무엇을 놓친 것인가?

정직해야 한다. 아프지만 '검찰개혁'은 실패했다.

선출 권력을 흔들던 검찰의 힘은 결국 선출 권력까지 장악했다. 검찰 권력에 대한 공포는 이제 국민의 실생활까지 침투했다. 여야를 따지기 이전에 선출된 정치권력의 갈등과 타락이 결국 통제할 수 없는 괴물을 만들었으며, 법치주의는 법치에 의해 죽임을 당하고 있다.

이명박 정권을 만들었던 BBK 사건의 검찰, 노무현을 죽게 만든 검찰, 박근혜 정권을 수사한 검찰, 조국을 죽이려는 검찰, 대통령 권력이 된 검찰, 이재명을 죽이려는 검찰.

촛불을 든 국민의 절망은 이제 일상이 되어버렸다.

우리 사회에서 검찰 권력에 당한 상처의 트라우마가 가시지도 않은 상태에서 더 큰 상처가 지난 상처를 잊게 만들고 있다. 우리는 언제까지 아픔 속에서 헤매야 하는가.

이제, 우리가 해야 할 일은 무엇인가?

문득 가수 전인권이 번안하여 노래한 〈다시 이제부터〉가 떠오른다.

아름다웠던 날이 지나고

차가운 바람에 갈 길 잊었나

돌아올 수도 없이 찾아갈 수도 없이

내 눈은 발끝만 보고 있네

나는 이제 어디쯤 온 건가

아직도 대답은 들리지 않네

어디로 가야 하나

어디쯤 온 건가

내 눈은 햇빛에 어지러운데

머리카락이 내 눈 가리고

내 손은 만질 곳이 없으니

다시 가야겠지 다시 가고 싶어

다시 시작될 내일이 있으니

다시 가고 싶어 다시 가고 싶어

다시 시작될 내일이 있겠지

| 4부 |

다시,
검찰개혁이다

과거로 달려가는
윤석열 정권

"국민의 나라, 정의로운 대한민국"

문재인 정부의 모토였다. 국정과제로 '국민의, 국민을 위한 권력기관 개혁'을 제시했다. 권력기관 개혁과제는 △국민을 위한 검찰상 확립 △인권친화적 경찰개혁 △감사원의 독립성·투명성 확보 △국정원 개편이었다. 미래지향적인 권력기관상을 정립하려 했다.

문재인 정부 5년 동안 검찰청법과 형사소송법의 개정 그리고 고위공직자범죄수사처 설치 및 운영에 관한 법률 제정안 등 '검찰개혁 3법'이 2020년 초 국회에서 통과됐다. 수사지휘권이 폐지되고, 검·경의 수사권이 조정되었으며, 검사의 직접 수사범위가 축소됐다. 제한적이나마 고위 공직자범죄수사처도 설치됐다. 하지만 아쉽게도 검찰권의 분리·분산과 기관 간의 통제장치를 마련하는 데는 미흡했다. 그럼에도 전체적으로 본다면 적지 않은 성과를 만들어냈다.

국민이 주인인 정부가 끝나자 윤석열 정부는 국론을 분열하고 정적 죽이기부터 시작했다. 그리고 동시에 미래지향적인 권력기관이 아닌 과거 회귀적인 검찰이 다시 전면에 등장했다.

윤석열 정권 1년 만에 대통령을 포함해서 무려 22명의 검찰 출신 정무직이 정부를 장악했다. 법무부를 제외하고도 파견 형식으로 국가기관을 접수한 검사는 52명에 이른다. 결론적으로 윤석열 정권 행정부에서 선출·임명·파견된 검사 수는 100명을 훨씬 넘을 것으로 추산되고 있다. 바야흐로 검찰 공화국이 실현됐다.

문제는 검찰의 권력 강화가 수사권, 공소권 독점을 넘어 정부와 국정운영 전반에 크게 영향을 미친다는 것이고, 이로 인한 통제 불능의 사회가 도래할 수 있다는 점이다.

징계권과 인사권을 가진 법무부는 정부 내에서 유일하게 검찰을 통제할 수 있는 조직이다. 검사 출신이 법무부를 장악하면 검찰 통제가 어렵다. 윤석열 정부는 법무부 장악은 물론이고 정부 부처 요소요소와 권력기관의 핵심인 국정원, 금감원까지 검찰 라인으로 깔아버렸다. 이로 인해 부처의 전문적 기능이 상실되고 국정의 동력과 시각은 검찰의 시각과 동일하게 돼버렸다. 바야흐로 검찰 만능주의가 도래한 것이다.

윤석열 정부 1년이 지났다.

검찰 권력의 권한은 줄어들지 않았다. 공수처의 기소권은 제한적이어서 검찰의 기소권이 줄어들었다고 말할 수는 없다. 변칙적 시행령으로 검찰의 직접수사권 역시 줄어들었다고 말할 수 없게 됐다.

그렇다면 문재인 정부의 검찰개혁은 실패한 걸까?

아프지만 "그렇다"라고 말할 수밖에 없다. 적어도 현재까지는.

윤석열 정권이라는 명백한 증거 앞에 무슨 변명이 통하랴?

그럼에도 불구하고 검찰개혁에 대한 문재인 정부의 노력을 폄훼해선 안 된다. 정부 내에서 일정 부분 검찰의 영향력을 벗겨냈다. 또한 미흡하긴 하지만 공수처 설치는 검찰의 기소 독점권이 깨졌다는 사실에 의미를 부여할 수 있다.

진보와 반동의 역사는 부대끼고 아프고 더디다.

이제 다시 문재인 정부의 검찰개혁에 대한 꼼꼼한 복기가 필요하다. 검찰개혁이라는 시대적 화두가 한국사회를 이끌어가는 국민 모두의 과제가 될 수 있도록 노력해야 한다.

한국의 민주화가 성공할 수 있었던 가장 큰 요인은 정파적 외침이 아닌 국민 모두의 바람을 전면에 걸고 싸웠던 덕분이다. 지금 민주진영은 윤석열이라는 검찰 수호 세력과 싸우면서 검찰 권력의 민주적 분산이라는 본질이 사라져버렸다.

윤석열 정권으로 탄생한 검찰공화국의 현실 속에서 우리는 검찰 권력의 남용이 얼마나 국가를 위험에 빠트리고 있는지 온몸으로 실감하고 있다. 검찰 권력의 남용은 진보와 보수를 떠나 이제는 실생활에서 현실이 되어버렸다.

국민에게 자유를 강요하는 윤석열 정권은 진정한 자유의 의미와 가치가 개인에 대한 존중에서 시작된다는 것은 모르고 있다. 국민 개인의 권리를 억압하는 국가권력이 자유일 수는 없다. 검찰 권력의 강화는 필연적으로 개인의 자유를 억압한다. 공익의 가치는 개인의 억압이 아닌 존중과 보호에서 시작돼야 한다.

역설적이지만 우리는 다시 진보를 향한 세상으로 나아가는 국민적 자유를 위해 일어서야 한다.

퇴행하는 역사

대한민국 검찰은 성실하고 끈질기다.

검찰의 그 놀랍고 집요한 근성은 수사에 있어 놀라운 위력을 발휘하는데, 특히 위에서 하달된 표적수사에는 인정사정없는 멸사봉공의 정신을 발휘하는 것 같다. 혹자들은 검찰의 이러한 수사를 비가 올 때까지 기우제를 지내는 아메리카 인디언과 비교하곤 한다. 검찰 입장에서는 무척 자존심 상할 비교라 아니할 수 없다.

똑바른 검찰은 꼭 필요하다. 국가의 바른 기강과 사회의 안정을 위해서는 반드시 정의로운 검찰이 존재해야만 한다. 법은 국가와 사회를 지탱하는 힘이다. 국민의 안녕은 법질서 확립 위에서만 가능하다.

법치가 무너지면 국가와 사회가 무너진다. 하지만 검찰의 법집행이 중요한 만큼 스스로 법에 엄격해야 한다. 현재 한국 사회에서 검찰이 신뢰를 잃은 까닭은 스스로 불법을 저지르기 때문이다.

민주주의는 결과보다 과정이 중요하다. 불법을 통한 올바름의 구현은 성립될 수 없는 명제의 모순이다. 국민을 학살한 독재자 전두환이 내걸었던 '정의사회 구현'과 똑 닮았다.

검찰의 법집행은 공정한 법 절차와 민주적인 과정에 의해 영위營爲되어야만 한다. 불행히도 현재 한국 검찰은 공정하지 않다. 특히 정치 편향성과 이념에 함몰된 정치검찰은 자의적 판단으로 편협한 법집행을 서슴지 않는다.

검찰의 권한 사용은 철저하게 법에 따라야 한다. 수사권은 인권을 최우선해야 하며, 기소권과 공소권은 객관적이며 평등해야 한다.

그러나 검찰은 수많은 불법 과잉 수사를 저질러 왔으며, 그 과정에서 수많은 국민이 스스로 세상을 등졌다. 기소권 역시 권력에 따라 무시로 남발해 왔다.

검찰은 법 앞에 공정해야 한다. 법을 집행하는 최고기관으로 안으로부터 불법에 단호해야 한다. 하지만 검찰 스스로는 처벌받지 않는 검찰특권의 아성을 만들어왔다.

검찰의 집요함을 알기 위해서는 먼저 집단의 속성부터 알아야 한다.

검사들도 아이 키우고, 적금도 붓고, 삼겹살에 소주도 먹고 사는 일반인이다. 그 평범한 공무원이 검찰이라는 집단 속으로 들어가는 순간 검사동일체의 원칙하에 무조건적인 상명하복의 위계질서에 순응한다. 그리고 미시적 관점에서의 퀀텀 점프처럼 검찰이라는 집단으로 튀어 오르면 개개인의 분자 구조부터 바꿔버린다.

일개 검사의 시작은 미약하지만 집단 검찰은 심히 창대하리라!

자정 작용이 가능하다면 중독이 아니다. 한국 검찰은 이미 심각하게 권력에 중독된 집단이다. 권력에 중독돼 권력을 독점하고, 법을 무시한 채 법치를 앞세워 휘두르는 정권은 반드시 그 대가를 치른다. 그것이 역사다.

법을 내세워 정권을 장악한 윤석열 대통령이 오히려 법을 무시한 채 탈법과 편법을 악용하고 있다.

법치는 국민을 통치하는 기술이 아니다. 진정한 법치는 위정자들이 지켜야 할 도리다. 정파를 떠나 진영을 넘어 현재 벌어지고 있는 퇴행하는 역사는 나라 전체로 볼 때 너무 불행한 일이다.

올바른 법치는 곧 퇴행의 역사를 바로 세우는 일이다.

검찰만능주의와
무소불위의 권력

윤석열 정권은 임기 시작과 동시에 야당과의 전쟁을 선포했다.

정치의 합목적성은 국가를 구성하는 사회 내 분쟁과 갈등을 해결하는 일이다. 독재정권 시절 독재의 정치는 민주적 가치를 무시하고 국민의 권리를 짓밟는 통치로 사회적 갈등을 덮어 왔다. 군대와 국가정보기관이 정치를 대신하여 철권을 휘두르며 강요된 사회적 질서를 수반했다.

1987년 형식적 민주화로 독재정치가 사라지고 난 후, 군과 국가정보기관의 공백을 검찰이 대신해 왔다. 그리고 정치권력은 검찰을 칼잡이로 앞세워 손쉽게 정적을 처단하며 사회적 갈등을 편편하게 눌러왔다. 그 속에서 검찰은 조직의 힘을 극대화했다. 기꺼이 정치권력의 망나니로 칼춤을 추면서 그들만의 몸짓을 키우더니 결국 스스로 권력이 되어버렸다.

윤석열 정권의 등장은 '법의 공정'과 함께 시작됐다고 해도 과언이 아니다. 그리고 윤석열이라는 검찰 출신의 검사가 살아 있는 권력의 부당함에 대한 어퍼컷을 치켜 올리는 저항의 몸짓으로 국민에게 다가갔다. 결국 그 퍼포먼스가 통함으로써 정권을 창출했다.

하지만 정작 권력이 되고 난 윤석열 정권은 공정의 의미를 폐기했다. 더 큰 문제는 불공정한 법치의 시무^{始務}를 윤석열 정권이 전혀 인식하지 못하고 있을 뿐만 아니라 오히려 자신들의 불공정을 정의로 착각하고 있다는 점이다.

정적을 겨눈 무자비한 공정과 대통령의 친인척 및 검찰 내부의 비리에 대한 공정이 전혀 다르다. 자신을 지지하는 국민을 품어 안는 공정과 자신을 반대하는 국민을 대하는 공정의 의미가 다르다. 자유를 앞세우지만 국민에게 '자유'를 강요하고 있다. 자유를 강제하는 자유는 자유의 적이다.

자유롭게 법 권력을 휘두르는 한국검찰은 힘이 세다. 수사권과 기소권을 동시에 가진 무소불위의 집단이다.

국회가 그렇게 수사권 분리를 위해 노력했지만 윤석열 정권은 '시행령'에 인쇄된 '등'이라는 한 글자를 포괄 적용해 가볍게 수사권을 되찾아 갔다. 공수처가 기소권의 일부를 살짝 가져가긴 했지만 아직도 어마어마한 기소권을 틀어쥐고 있다.

여전히 검찰 눈에 찍히면 수사를 개시하고 또 전에 하던 짓 그대로 피의자와 주변을 탈탈 털어 혐의를 만들고 자기들 맘대로 기소를 당당하게 자행할 수 있다.

문재인 정부 시절이었던 2022년 9월 10일자로 검찰청법 및 형사소송법 개정안이 시행됐다. 개정안은 검사의 직접 수사개시 대상 범죄 축소 등이 주된 내용이었다. 검사의 직접 수사개시 대상 범죄를 '부패범죄, 경제범죄 등 대통령령으로 정하는 중요 범죄'로 제한하여 기존 '6대 중요 범죄'에서 '2대 중요 범죄'로 축소했다.

이와 함께 검사 자신이 수사 개시한 범죄에 대한 공소제기를 금지했다. 쉽게 말하면 수사검사와 기소검사가 달라야 한다는 말이다. 검찰 내부를 견제하는 의미였지만 실상은 개뿔! 짜고 치는 고스톱처럼 서로 돌려가며 주고받는 '품앗이 기소'라는 편법이 가능하다. 또한 별건 수사의 금지 규정을 두었다고는 하지만 이것도 협업을 통해 1부 검사실과 2부 검사실이 밀어주고 끌어주는 신종 별건수사의 길이 열려 있다.

하지만 수사를 해야 기소가 가능하다. 수사의 범위 제한으로 한순간에 검찰의 힘이 쪼그라든 셈이다. 이에 질세라 한동훈 법무부는 검찰청법의 하위 시행령인 대통령령 「검사의 수사개시 범죄 범위에 관한 규정」을 개정했다. '부패범죄'와 '경제범죄' 범주에 가능한 많은 하위 범죄를 법에서 규정한 '등'

이라는 글자 하나를 활용하여 수사권의 메뉴를 최대한 추가시켜 놓았다. 즉 종전 대통령령에서는 '공직자범죄'에 속하던 공무원의 직무유기(형법 제122조), 직권남용(동법 제123조) 등 범죄를 개정 대통령령에서는 '부패범죄'로 포함시키거나, 종전 대통령령에서는 사기·공갈·횡령·배임의 이득액(피해액)이 5억 원 이상인 경우로서 특정경제범죄 가중처벌 등에 관한 법률 제3조에 따라 처벌이 가능한 경우에만 검사의 직접 수사개시가 가능하도록 규정하고 있었으나 개정 대통령령에서는 이득액의 제한을 철폐함으로써 모든 사기·공갈·횡령·배임 범죄에 대한 검사의 직접 수사개시가 가능하도록 하는 등 직접 수사 개시가 가능한 경제범죄의 범위를 종전 대통령령보다 대폭 확대시켜 놓았다.

도로아미타불이라고 했던가. 검수완박이라고 외쳤던 검찰청법 개정안은 실상 종전 검찰이 가지고 있던 수사권 대부분이 회복되고 말았다. 하위법령인 「검사의 수사개시 범죄 범위에 관한 규정」에서 "중요 범죄"의 정의를 구체적으로 규정한다는 꼼수로 법률에서 정한 검사의 직접 수사 대상 범죄 범위를 다시 확대해버린 것이다.

또한 법무부는 올해 7월 형사소송법의 하위 시행령인 「수사준칙」(검사와 사법경찰관의 상호협력과 일반적 수사준칙에 관한 규정) 개정안을 입법예고하였다. 그 내용을 보면 검사가 보완수사와 재수사 명목으로 개정법 이전과 같이 거의 무제한의 수사권을 행사할 수 있게 되었다. 사실상 경찰의 수사종결권을 무력화 시키는 행위이다.

윤석열 정권의 검찰은 다시 찾은 막강한 힘으로 편협하고 자의적인 기소권을 남발하고 있다. 검찰공화국에 반하는 세력을 가차 없이 처단하고 있다.

기소란 범죄 혐의자에 대한 검사의 심판요구다. 다시 말해 피의자를 법정에 세워 법의 심판을 받도록 할 수 있는 권한이다. 기소를 하든 안 하든 결정은 오로지 검찰의 판단 여하에 달려 있다. 따라서 기소를 결정하기 이전에 충분한 수사와 함께 피의자의 범죄혐의가 구체적이고 객관성을 유지해야만 한다. 앞서 말한 바처럼 검찰은 수사권과 기소권에 대한 권한을 독점해 왔으며, 개정법에도 불구하고 여전히 권한을 독점하다시피 하고 있다.

공무원에게 위임된 권한은 권리가 아니다. 공적인 업무에만 행사해야 하는 직능의 일부다. 그럼에도 검찰은 수사권과 기소권을 검사만의 권리처럼 남발해 왔다. 불공정하고 불법적인 행위까지 불사하며 국가기관의 권한을 마음껏 휘둘렀다.

힘이 커지면 반드시 부패한다. 그 부패가 정치검찰을 만들었고, 부정축재의 전관을 만들었으며, 이제는 정치권력까지 장악했다. 검찰을 그저 일 잘하는 평검사로 만들기 위해서는 검찰의 어깨와 목에 들어간 과도한 힘과 권한을 법을 통해 강제로 빼야 한다.

국무위원도 아닌 일개 청의 청장인 검찰총장이 직속상관을 때려잡고, 검사가 전직 대통령을 겁박하여 죽게 만드는 이 부조리한 현실을 바로잡아야 한다.

법무부 시행령 개정은 국회의 권능을 무시하고 국민의 권리에 대한 도전이다. 검찰의 수사권은 국회의 입법사항이다. 국회가 통과시킨 검찰 직접수사 축소 입법에 대해 헌법적 정당성을 확인한 헌법재판소의 결정 취지에도 어긋나는 위헌이자, 위법적인 시행령 쿠데타다.

검사의 별건 수사와 먼지털이식 수사를 막기 위한 장치를 해제한 후 검사 마음대로 수사하고 기소하겠다는 것이다. 경찰은 수사 진행 단계에서 검사의 영장청구권과 보완수사 등으로 검찰에 통제당하지만, 검찰은 검사의 수사과정에 대한 통제장치가 존재하지 않는다.

국회도 헌재도 무시하는 부당한 권력의 정점에 선 검찰. 이 부조리한 검찰 권력은 어떻게 승승장구의 역사를 만들어 왔나? 지난 정권들의 검찰개혁의 역사를 간략하게 들여다보고 가자.

법조인이 바라본
검찰개혁의 역사

"범죄와의 전쟁"

노태우 정권이 취약한 권력기반을 강화하기 위해 벌인 정부 차원의 사회정화운동이었다. 그 당시 전국의 조직폭력을 뚜드려 잡아 권력이 강화된 것은 정권이 아니라 검사들이었다.

그 여파로 '모래시계' 열풍이 불었고, 검찰은 막강한 힘과 더불어 국민에게 정의로운 검사라는 이미지를 각인시켰다. 이로 인해 그때까지 검찰이 저질러 온 타락과 불법은 한순간에 묻혀버렸다.

군사독재 정권에 철저하게 부역해 온 검찰은 민주화 이후 정적과 반대세력을 때려잡는 행동대장으로 권력의 몸집을 불렸다. 그리고 진보정부와 보수정부의 틈바구니 속에서 권력으로 권력을 숙청하는 망나니가 됐다. 결국 자신들의 권력을 앞세워 정치권력까지 장악했다.

그리고 지금 그 권력의 정점에 서 있다.

어찌 보면 한국의 정치사는 검찰권력과 맞서 온 시간이라고 해도 과언이 아닐 지경이다. 검찰개혁의 의미를 세상에 알린 김대중 정부이지만 약한 권력 기반을 유지하기 위해 검찰을 이용하면서 나중에는 오히려 검찰의 먹잇감이 되고 말았다. 김대중 대통령은 훗날 자서전에 이렇게 남겼다.

"이 나라의 최대 암적인 존재는 검찰이었다."

김대중 정부를 계승한 참여정부는 검찰 권력을 국민에게 돌려주겠다는 야심찬 계획을 세웠다. 검찰개혁은 노무현 대통령의 대선공약이기도 했다.

2003년 3월 9일 노무현 대통령과 전국 평검사와의 대화가 전국에 생중계됐다. 실로 경천동지할 만한 일이었다. 대통령과 평검사가 만나서 토론을 하는 일은 검찰 역사는 물론이거니와 세계 정치사에 유래를 찾기 힘들었다.

참여정부는 시작과 함께 강금실 법무장관을 앞세워 검찰개혁의 시동을 걸었다. 하지만 시작부터 난관에 부딪혔다. 검찰은 조직적으로 반발했다. 노무현 정부는 검찰개혁에 대한 당위성은 있었지만 구체적인 실천계획도 장기적인 플랜도 부족했다. 비주류 소수정권이 가진 역량의 한계였다.

결과론일지언정 참여정부가 검찰을 보는 시각이 순진했다는 평가는 비교적 정확하다.

노무현 정부는 자율권을 보장하면 검찰 스스로 자정작용이 일어나리라 믿었다. 노무현 대통령의 평검사와의 대화는 소위 말하는 권력에 편승하는 정치검찰의 수뇌부를 물갈이하고 정부가 검찰인사의 중립을 지키면 검찰이 개혁될 줄로만 믿고 기획한 일종의 퍼포먼스였다. 즉 평검사에게 당신들을 믿으니 한번 잘해보자는 일종의 연대를 위한 손 내밀기였다.

평검사에 대한 존중의 의미였지만 검사들은 노무현 대통령이 내민 손을 잡기는커녕 정면에서 면박을 주고 웃는 얼굴에 무참히 침을 뱉었다. 고졸 대통령에게 학번을 묻고, 자신들의 캐비닛에 들어 있는 대통령의 약점을 들추며 비웃고 조롱했다.

그날 평검사와의 대화 이후 새롭게 '검사스럽다'는 신조어가 유행하게 됐으며, 검찰의 권위주의와 편협하고 저열한 엘리트 의식이 세상에 까발려지는 계기가 됐다. 모래시계의 구성은 모래였을 뿐이었다.

참여정부 검찰개혁의 모토는 '신뢰받는 검찰'이었다. 하지만 그 신뢰가 실망으로 바뀌는 데는 오래 걸리지 않았다. 당시 토론이 끝나자마자 김각영 검찰총장은 사표를 내며 항명했다.

참여정부가 제시한 검찰 중립성 확보, 고위공직자비리조사처 설치, 검경 수사권 조정, 법무부 문민화, 과거사 정리 등 검찰개혁안은 시작부터 강한 반발에 직면했다. 이후 검찰총장이 된 송광수 역시 끊임없이 참여정부의 검찰개혁에 어깃장을 놓았다.

참여정부가 추진하려 했던 대검 중수부 기능 축소와 공수처 신설에 송광수 검찰총장은 "검찰수사에 피해를 본 사람이 검찰권의 약화를 노리는 것 같다."고 노골적으로 반기를 들었다.

검찰 스스로에게 개혁의 기회를 준 참여정부의 검찰개혁은 이렇게 해서 결국 수포로 돌아갔다. 그나마 다행인 것은 대한민국 사회에 검찰개혁이라는 또렷한 정책과제를 제시했다는 점이다.

하지만 검찰을 순진하게 믿었던 참여정부의 후과는 엄청났다. 검찰의 정치적 중립을 보장했지만 오히려 검찰은 스스로 칼을 들어 정치의 앞잡이가 됐다. 검찰의 힘으로 BBK 사건의 진실을 덮고 이명박 정권을 탄생시키는 개국공신이 됐다. 그리고 결국 노무현 대통령은 검찰에 의해 죽임을 당해야만 했다. 검찰에 대항하면 이렇게 된다는 선례였다.

그런 점에서 문재인 정부는 참여정부의 전철을 밟지 않으려 노력했다.

필자는 청와대 행정관으로 검찰개혁 TF에 참여했다. 피 철

철 흐르던 '조국의 강'을 건너면서까지 문재인 정부는 검사의 수사권 축소를 골자로 하는 검찰청법 일부개정법률과 형사소송법 일부개정법률을 시행했다.

개정 검찰청법은 검찰이 직접 수사를 개시할 수 있는 범위를 기존 6대 범죄(공직자·선거·방위사업·대형참사·부패·경제)에서 2대 범죄(부패·경제)로 축소했다. 또한 수사 개시 검사가 공소를 제기할 수 없도록 정했다.

이로써 경찰에서 송치 받은 사건은 해당 사건과 동일성을 해치지 않는 범위에서만 수사할 수 있도록 보완수사범위가 축소됐다. 이와 함께 별건사건 수사 금지, 고발인 이의신청권 배제 조항도 포함했다.

이와 함께 노무현 정부가 그렇게 실현하고자 애썼던 고위공직자비리수사처(공수처)도 출범했다. 2003년 대선공약이 2021년 1월 21일, 18년 만에 시작됐다. 물론 처음 계획했던 방안보다 많이 후퇴됐지만 검찰의 기소권 독점을 분산시키는 물꼬를 텄다는 점은 대단히 중요하다.

하지만 그 실행과정은 아직 요원하다.

윤석열 정권은 검찰 수사권을 회복하는 내용의 시행령 개정안과 행정안전부에 경찰국을 설치하는 내용의 직제개편안 시행령 개정안을 의결했다. 상위법의 검찰 수사권 축소 취지를 무시하고 검찰의 직접 수사범위를 스스로 확대시켰다. 검찰의 권한은 문재인 정부 이전으로 다시 돌아갔다.

역사는 어리석고 불의해 보일 때가 있다. 역사의 물줄기는 더디고 때로는 휘고 소용돌이치지만 결국 아래로 흐른다. 흐르는 물이 웅덩이를 만났을 때 다 채워지지 않으면 결코 아래로 흐르지 않는다.

노무현 대통령이
죽어야만 했던 까닭

수사에 목적과 의도가 개입되는 순간 상상을 초월하는 공포가 시작된다.

모든 범죄는 '의도'에서 비롯된다. 아무리 사소한 우발적 사고라도 엄밀히 따져보면 피의자의 의도가 내포되어 있다. 수사 역시 이 상식적 범주를 벗어날 수 없다.

수사에 의도가 개입하면 불법적 범죄수사가 된다.

정해진 목표를 두고 혐의가 나올 때까지 하는 수사는 수사가 아니다. 의도가 개입된 표적수사는 개인의 인격을 살상하고 여론의 건강한 기능을 마비시킨다. 시작이 위법이면 과정도 결과도 위법일 수밖에 없다.

노무현 대통령에 대한 검찰의 수사는 이 모든 위법 상황이 망라되어 있다고 해도 과언이 아닐 만큼 범죄수사의 교범이자 불법수사의 백화점이었다.

모두가 주지하다시피 노무현 대통령 수사는 전형적인 표적 수사로 시작해서 주변인 확대수사로 이어졌다. 심지어 노무현 대통령의 단골식당까지 이 잡듯 뒤졌다. 별건수사로 부인과 딸, 아들이 포함됐으며, 형제들까지 수사의 가지는 일사천리 로 뻗어나갔다. 왜곡 과장된 허위 피의사실은 동네방네 온 우 주로 전파됐다. 그 방식은 연이어 한명숙 전 총리 수사, 그리고 조국 전 장관 수사, 또 이재명 대표 수사로 이어지고 있다.

결국 노무현 대통령은 당신의 목숨을 던져 검찰의 불법에 저항했다. 그러나 검찰의 불법 수사와 기소 그리고 피의사실 공표는 아랑곳없이 여전히 성행 중이다.

표적수사의 진행방식을 살펴보면 대략 아래와 같다.

법적으로 수사의 개시는 혐의점에서 시작되어야 한다. 따 라서 수사가 공정하게 시작되기 위해서 목표를 정한 수사가 되어서는 안 된다. 예컨대 옆집 아저씨가 미운데 조금 수상한 듯 보이니 수사 한번 해보자고 나서서는 안 된다는 것이다.

옆집 아저씨가 불법을 저지르거나 또렷한 불법의 정황이 발견될 때에만 수사해야 한다. 검찰이 수상하게 보인다는 이 유만으로 옆집 아저씨에 대한 수사를 개시한다면 올바른 수 사가 아니다.

그런데 우리의 용맹스러운 검찰은 그따위 원칙은 가볍게

무시한다. 그리고 표적수사가 개시되면 옆집 아줌마는 물론이고 옆집 아들과 딸도 수사 대상에 포함된다. 혐의점이 없어도 상관없다. 여기에 그치지 않고 옆집 아저씨 단골 포장마차와 늘 전화를 주고받는 초등학교 동창까지 수사를 확대한다.

이 모든 참고인의 통신기록을 무단으로 조회하고 계좌를 추적하여 10년 전 할부 밥솥 2만 원 미납액까지 찾아낸다. 뿐만 아니라 주변 탐문과 수십 명의 참고인 조사로 민주당 당원이었던 옆집 아저씨의 김대중 정부 시절 노상방뇨 흔적까지 찾아내어 '권력형 노상방뇨' 혐의를 구성한다. 급기야 단골 포장마차 여주인과 옆집 아저씨의 초등학교 동창생이 단둘이 등산을 갔다는 정황과 거기에 옆집 아저씨가 격려의 "파이팅" 문자를 보냈다는 사실을 엮어 언론에 유포한다.

언론은 마치 기다렸다는 듯 알고 보니 옆집 아저씨가 '묻지 마 등산'의 주범이며 ○○산 정상 부근에서 발견된 김밥도시락 포장지가 옆집 아줌마가 다니는 분식집과 정확히 일치한다는 의혹을 단독과 특종으로 대서특필한다.

종편방송은 하루 종일 옆집 아들이 탄 자전거가 이탈리아제 수입산과 비슷하다는 둥 그 집 딸이 학교 성적이 좋지 않음에도 불구하고 간호조무사가 된 경위는 분명 불법이 개입되었다는 해설을 교육계, 의료계 전문가를 모아놓고 실시간으로 정밀 분석한다.

마침내 간호조무사를 양성하는 학원빌딩 경비원이 옆집 아저씨 초등동창생 친구의 먼 친인척이라는 사실을 밝혀내고, 학원등록에 옆집 아저씨의 청탁 의혹을 탐사 보도한다.

언론이 물꼬를 트면 기다렸다는 듯 검찰은 학원이 세를 들어 있는 빌딩에 입주한 모든 사무실과 상점을 압수수색한다. 학원 원장을 압박하여 늘 정원미달이었던 학원에 옆집 딸이 등록한 이유를 캐묻고 학원등록을 취소하겠다고 겁박한다. 학원 원장의 옆집 딸의 수강료가 이틀이나 연체된 사실이 있었다는 자백을 받아낸 검찰은 '수사 급진전'이라는 보도자료와 함께 불법 수강의 명백한 증거라고 브리핑한다.

이와 함께 별건으로 아파트 부녀회 총무 임시대행이었던 옆집 아줌마의 단골 미용실에 수사를 집중한다. "이 헤어숍 펌 짱 조아!!!"라는 글을 아파트 단톡방에 올린 것은 명백한 허위광고 죄로, 단톡방 회원들에게 나눠주라고 제공한 '미용실 펌 할인쿠폰'은 제3자 뇌물공여죄로, 소속 부녀회 회원의 바람난 남편 이야기를 듣고 조언한 것을 두고서 변호사법 위반 혐의로 각각 기소한다.

결국 옆집 아저씨와 아줌마, 딸과 초등동창생, 미용실 주인과 빌딩경비원 및 간호사조무사학원 원장까지 줄줄이 소환당하고, 그 중 몇 명은 기소돼 지루한 재판을 받게 된다.

웃기는 과장으로 보이는가? 그러나 결코 웃을 수 없는 현실이다.

윤석열 검찰공화국의 치하에서 대한민국 국민 누구도 벗어날 수 없는 무섭고 웃픈 현실이다.

개인의 인권을 침해하는 수사는 반드시 법으로 규제해야 한다. 또한 수사과정에서 불법이 밝혀지면 그 기소는 공소권 남용으로 기각돼야 하며, 위법을 저지른 수사기관 관계자는 법에 따라 처벌받아야 한다.

왜 이 상식적 법치가 대한민국에서 통용되지 않는가?

검찰개혁이
쉽지 않은 이유

왜 검찰은 그토록 수많은 위반을 저지르고서도 아무런 제재를 받지 않을까?

이 지점에서 법원의 문제점도 결코 적지 않음을 밝혀두어야겠다. 검찰의 막강한 권한 행사에는 법원의 암묵적 방관 내지 방치가 작용하고 있다. 재판에서 판사의 권한은 실로 막대하다. 판사는 공소장 일본주의에 의해 검사의 편향성 공소에 이의를 제기할 수 있으며, 심지어 공소 취소를 지시할 수도 있다.

만일 검사가 공소장 일본주의를 위배한 공소를 유지하면 형사소송법상 공소기각 판결을 내려야 한다. 공소장 일본주의를 위반할 시 형사소송법 제327조 제2호 공소제기의 절차가 법률의 규정을 위반하여 무효일 때에 해당하여 공소기각 판결

대상이다. 하지만 지금까지 공소장 일본주의를 무시한 검찰의 공소장 위반에 법원이 제동을 건 경우는 아주, 아주, 극히, 극히 희소한 일이다.

과문한 탓일까? 정말 과문한 탓일까? 과문한 탓이라고 해두자!

오히려 법원의 관례적인 형사재판에 있어 무른 견제를 두고 검사는 공소장을 작성할 때 기소 내용을 악용하고 있다. 판사는 검찰의 기소 오류가 명백한 상황에서도 대부분 공소기각이나 무죄 선고가 아닌 공소장 변경을 유도한다.

법원은 재판을 통해 검찰의 무소불위 권력을 막아낼 유일한 세력이다. 그런데 법원이 스스로의 권위를 내려놓고 검찰의 의도된 불법을 관망하고 있다는 느낌을 지울 수 없다.

부끄러움을 망각한 법원은 부끄러워하라. 그래야 변화가 시작된다.

법원이 검찰의 불법에 눈 감는 경우는 이뿐만이 아니다. 일부 검사의 경우 피의자의 혐의를 입증하기 위한 끈질긴 수사는 물론이거니와 도저히 증거를 찾을 수 없을 경우 왜곡과 증거조작까지 불사하는 대범함을 보여주기도 한다.

노무현 전 대통령에 대한 수사, 한명숙 전 총리에 대한 수사, 조국 전 장관에 대한 수사, 이재명 대표에 대한 수사는 검찰의 집요함을 세계만방에 떨친 수사라 평가할 수 있다.

표적이 정해지면 피의자는 물론이고, 가족 친지 등 주변인들은 점차 조여드는 검찰의 수사망을 피할 수가 없다. 작은 혐의라도 발견되면 과도한 혐의를 대입하여 기소를 하고, 기소 후에도 위법적 수사는 물론이고 별건을 양산하여 괴롭히고 또 괴롭히고 또, 또 괴롭히기를 반복한다.

이쯤 되면 개인의 인격은 파탄 나고 가정은 풍비박산나기 마련이다.

이 같은 검찰의 불법 행태를 언제까지 두고만 볼 텐가?

국민은 언제까지 죄 없이 살아가면 된다는 자조적인 말을 되풀이해야 하는가?

이미 법질서가 확립된 선진국에서는 위법으로 취득된 증거는 증거로 사용할 수 없다. 우리나라 역시 위법하게 수집된 증거는 증거능력을 인정하지 않고 있다. 그럼에도 불구하고 한국 검찰은 아무렇지도 않게 불법수사를 강행하고 있다. 그리고 그 대상은 피의자와 참고인을 가리지 않는다.

형사소송법에는 피의자든 피의자가 아니든 조사할 경우 조사장소에 도착한 시각과 조사 시작 및 종료 시각을 명기해야 한다. 또한 진행경과 확인에 필요한 사항을 조서나 서면에 기록한 후 수사기록에 편철해야 한다.

참고인을 조사하면서 조서를 남기지 않는다면 이 또한 불법이다. 단지 수사에 협조하는 사람에 불과하므로 수사기관에 출석하여 진술하는 것은 참고인의 자유이며, 응하지 않는다고 해서 법적으로 어떠한 불이익도 받지 않는다. 다시 말하면 참고인은 강제소환이 불가능하다.

참고인에 대해 강제소환 제도를 도입하려고 2000년대 초부터 법무부가 형사소송법 개정안을 냈지만 법원, 변협, 국가인권위원회 및 시민단체의 반대로 좌절되었다. 법무부에서 아직도 이 제도를 만지작거린다는 보도가 있다. 검찰의 수사편의적인 발상이다.

이 숱한 검찰의 위법에 법원은 크게 관여하지 않는다.

그저 바라만 보고 있지. 그저 눈치만 보고 있지. 늘 가깝지도 않고 멀지도 않은 검찰과 법원.

그 방조에 가까운 관망이 검찰의 무소불위를 키우고 있다. 법조인의 한 사람으로 정말 부끄럽고 안타까운 현실이다. 하지만 법의 권리는 국민 스스로 찾을 수밖에 없다.

우선 검찰 수사에 임할 때 피의자라고 해도 무죄추정의 원칙이 있다는 사실을 잊지 말자. 불리한 진술을 거부할 권리가 있으며, 법에 정해진 인권을 보호받을 권리도 있다.

피의자뿐만이 아니다. 참고인 또한 검찰의 억압적이고 불법적 조사에 대항해 자신의 권리를 지켜야 한다. 수사기관은 수사의 필요에 따라 제3자의 출석을 요구하여 진술을 들을 수 있다. 이때 피의자가 아닌 제3자를 '참고인'이라고 한다.

여기서 중요한 사실 중 하나는 참고인으로 조사받다가 피의자가 되어버리는 경우도 왕왕 있다는 점이다. 따라서 참고인으로 출석하더라도 미리 충분한 대응방안을 준비해 두는 것이 좋다.

우선 검찰에서 출석 요구를 받게 되면 그 이유를 물어봐야 한다. 물어본다고 해서 그 이유를 찬찬히 설명해 줄 만큼 친절한 검찰이 아니지만 최대한 내용을 확인하는 것이 중요하다.

출석하더라도 명심해야 할 것은 피의자가 아니므로 스스로에 대한 불리한 진술에 대해서는 단호하게 진술을 거부해야 한다. 참고인으로서 검찰에 도움을 주러 간 거지 내 죄를 설명하러 간 것이 아니기 때문이다.

참고인으로 '출석요구서'를 받게 되더라도 당황하지 말자. 출석 날짜가 기재되어 있지만 그건 어디까지나 검찰의 편의일 뿐이다. 당사자가 출석하기 편한 날짜로 조율할 수 있다. 출석 요청의 목적과 기재된 사건의 요지를 찬찬히 따져보고 응대하면 된다.

검찰이 출석을 관철시키려면 체포를 하든지 구속하면 될 일이다.

그렇다고 피의자가 무턱대고 출석에 불응하면 체포 영장이 청구될 수 있다. 피의자로 출석하더라도 피의자의 권리를 최대한 활용하는 것이 좋다.

자. 이제부터라도 검찰에 불법 소환당하지 않도록 하자.

피의자가 됐다 하여 형이 확정되기 이전까지는 죄인이 아닌 만큼 검찰의 출석 요구에 당당하게 응대하면 된다. 출석의 시간을 조율하고 사전에 법적으로 충분히 준비하여 불이익을 당하지 않는 것이 좋다.

더 중요한 것은 검찰의 위법에 단호한 법원이다. 판사는 법에 따라 판결해야 하며, 그것이 본분이다.

판사들은 현재 대한민국 법원에서 벌어지는 재판이 공정하고 정의롭다고 말할 수 있는가?

왜 판사들은 검사들의 불법을 보고만 있는가?

이현령비현령 耳懸鈴鼻懸鈴

검찰권력 독점의 폐해 중 가장 두드러지는 것이 기소독점이다.

대한민국에서는 유일하게 검사만 공소를 제기하고 수행할 권한을 갖는다. 공수처가 생기면서 극히 일부분의 기소권을 가져왔지만 전체적으로 보면 큰 의미가 없다. 기소독점은 공소를 제기하는 적정을 보장하고 공평하고 획일적 소추가 가능하지만 이에 반해 검사의 자의적 판단과 독선 그리고 정치권력에 영향을 받을 경우 민주주의의 근간을 흔들 만큼 위험한 괴물이 되고 만다.

검찰이 나쁜 마음만 먹으면 수사권을 발휘해 누구든 잡아처넣을 수 있음을 지금까지 말해 왔다. 하지만 그에 반대되는 경우도 검찰의 마음먹기에 달려 있다.

재판에서 판사는 죄의 유무를 검사의 공소장에 기준하여 판단한다.

검사가 공소장에 기재하지 않은 범죄에 대해서는 판사는 죄를 물을 수 없다. 그런데 중한 죄를 쓱싹 약한 죄로 바꾸어 공소장을 작성하면 당연히 판사는 약한 판결을 내릴 수밖에 없다. 이에 따른 수많은 솜방망이 처벌이 현실에서 이뤄져 왔다. 그 대부분의 경우 검찰이 권력을 악용한 사례들이다.

검찰의 공소권 남용으로 법질서의 공정성과 공평성을 무너트려서는 안 된다.

반대로 공소장을 악용하여 기소하는 경우 피의자의 방어권이 크게 침해당한다. 대장동 사건의 경우가 이에 해당한다. 검찰은 이재명 대표의 주변 인물들에게 뇌물수수죄를 적용하여 기소했는데, 정작 공소장에는 뇌물수수 정황의 가장 큰 증거가 되는 뇌물수수 전달 시기를 특정하지 않고 있다.

그 결과 피고인의 방어권에 침해를 준다. 예컨대 공소장에 적시된 혐의를 벗어나기 위해서는 피의자의 알리바이가 필요하다.

모년 모월 모시에 뇌물을 전달했다고 공소장에 적시되어 있다면 그 해당 날짜에 대해 피의자의 알리바이를 제시하면 혐의를 배척할 수 있기 때문이다. 그런데 검찰의 공소장에는 돈을 준 날짜를 정확하게 제시하지 않은 채 모년 모월 초순경이라고만 기재하고 있다.

피의자의 입장에서는 초순이라고 하면 1일에서 10일까지의 알리바이를 모조리 제시해야만 한다. 그런데 이는 사실상 입증이 불가능하다.

이와 함께 검찰은 기소권의 칼을 쥐고 변호인 측 증인의 증언마저 무력화한다. 재판 중에 증인을 위증죄로 기소하고 심지어 상대 변호인을 위증교사로 압수수색을 하기도 한다. 마피아가 증인을 겁박하는 것과 하등 다를 바 없다. 일신의 피해를 감내하며 증언할 증인을 찾기란 쉬운 일이 아니다. 이 모두가 검찰의 기소독점이 가져 온 불공정 재판의 사례다.

기소독점과 기소편의뿐만이 아니다. 검찰은 수사 개시권과 종결권도 상당 부분 갖고 있다.

검경수사권 분리는 윤석열 정권이 개발한 시행령 개정안으로 무너졌다. 이에 따라 검찰은 지금까지 해온 것처럼 상당 부분 자기들 맘대로 수사를 시작할 수도 있으며 끝낼 수도 있다.

윤석열 대통령의 처갓집 수사는 축소하고 야당 이재명 대표의 수사는 확대하는 것도 검찰 마음대로 할 수 있다. 아무런 견제와 통제도 없이 법의 칼날을 휘두를 수 있다.

아! 어쩌다 이 지경까지 됐을까?

현재 대한민국의 검사들은 통제받지 않는 권력 속에 자신들만의 견고한 아성을 쌓았다. 검찰에 의해 죄가 만들어지고, 검찰에 의해 죄가 사라진다. 좋은 사람과 나쁜 사람을 법으로 옭아맬 수 있는 사람이 검사이며, 그 검사들이 모인 집단이 검찰이다.

"검사는 공익을 대변해야 하며 인권을 옹호해야 한다."

검사 선언문의 내용이다.

검사는 검사 선언문을 준수하고 있는지 가슴에 손을 얹고 자문해야 한다.

과연 나는, 공익을 대변하고 있는가, 사익을 추구하고 있는가?

과연 우리는, 인권을 옹호하고 있는가, 인권을 짓밟고 있는가?

검사 신상공개 도입이
필요한 이유

공익을 높이고 피의자 인권을 보호하기 위한 방안으로 검사 신상공개는 필요하다.

그동안 검찰에 의해 피의사실이 공표되고 공무상 비밀을 누설하는 일들이 자행되어 왔다. 법적으로 분명한 위법이다. 하지만 피의사실 공표로 단 한 번도 기소된 적이 없다.

검사들이 실정법을 위반하며 언론재판으로 몰아갔다. 그런데 마땅히 제어할 방법이 없었다.

검찰은 자신들의 성과를 알릴 때는 소이부답^{笑而不答}으로 일관하다가 조작수사, 편파수사, 왜곡수사, 불법수사로 궁지에 몰리면 검사 신상공개에 악머구리 들끓듯 입을 맞춰 핏대를 세운다.

검찰은 검사의 신상이 공개되면 수사에 여론의 압박이 들어갈 수 있어 반대라고 말한다. 하지만 검찰 내부의 압박과 힘 있는 정치권력의 압박에는 입을 봉해 왔다.

검사 인권과 피의자 인권의 무게가 달라서는 안 된다. 지금까지 검사의 수사 기밀 유출로 피의자는 심각하게 인권을 침해당해 왔다. 왜 피의자의 인권은 조리돌림을 당해도 되고 검사의 인권만 중요한가?

검찰은 사법의 공정성을 말한다. 그러나 실상 사법의 공정성을 훼손하고 불법을 저질러온 것은 검사들 자신이다.

한편, 그동안 수사의 공정성에 대해 의혹이 제기될 때마다 검찰은 원칙과 기준에 따라 수사한다고 말해 왔다. 검사가 말하는 원칙과 기준은 전관예우, 유전무죄 무전유죄, 정치검찰 앞에서 한없이 초라한 변명에 불과하다. 설사 검찰의 주장처럼 원칙과 기준에 따른 수사라면 검사의 신상 공개로 인한 외압을 두려워할 이유가 전혀 없다.

오히려 사법의 공정성을 지키기 위해 검사 스스로 경계해야 할 지점은 상명하복식 조직문화에서 기인한 검찰 내부의 외압이다.

이제는 공적 업무를 담당하는 자로서 막강한 권한을 가진 검사 공직자에 대한 투명성의 확보가 필요한 시점이다.

오히려 검사의 신상을 공개하게 되면 검사 스스로 자신의 이름과 명예를 걸고 수사할 수 있게 되어 경직된 검찰 문화에서도 양심과 소신을 가지고 공정한 수사를 펼칠 가능성을 기대해 볼 수 있을 것이다. 그래서 검사의 신상공개 도입은 더욱 필요하다.

공수처는
꼭 필요한가요?

　윤석열 정권이 들어서고 권력의 측근과 검찰 출신 고위공직자들이 무죄를 받거나 지은 죄에 비해 가벼운 혐의로 기소됐다. 당연히 법원의 판결도 솜방망이에 그치고 말았다.

　검찰이 조국 전 장관과 이재명 대표에게 보여준 가공할 만한 수사력을 보여줬다면 굳이 공수처가 필요하지 않아도 될 것이다. 문제는 윤석열 정권의 검찰들이 정치권력과 고위공직자들에게는 전천후 동시다발적 압수수색도, 기소도 행사하지 않는다는 점이다.

　공수처가 출범한 지도 어느덧 2년이 넘었다. 그러나, 지금 말도 많고 탈도 많았던 공수처는 거의 존재감을 알 수 없을 만큼 유명무실한 권력기관으로 전락해버렸다. 성과라는 말이 무색할 만큼 제 기능을 하지 못하고 있다. 공수처의 역할이 검찰과 정치권력에 대한 견제였지만 그 기능은 고사하고 존재 이유 자체를 물어야 할 실정이다.

공수처의 등장으로 검찰의 기소 독점이 허물어진 것은 사실이다. 그동안 검찰은 국민에게 위임 받은 무소불위의 권력을 행사해 왔다. 그런 이유로 공수처에는 민주적 통제를 통해 검찰의 권한을 분산하고 정치권력의 권력형 부패와 비리를 청산하는 시대적 사명이 주어졌다. 하지만 현실적 여건과 제약으로 그 소명을 다하지 못하고 있다.

현재 공수처 정원은 85명이다. 검사 25명, 수사관 40명, 행정직원 20명으로 구성되어 있다. 공수처가 제 기능을 하기에는 턱없이 부족한 인력이다. 하지만 현실에서는 이 인원도 제대로 채우지 못하고 있다. 공수처가 발족된 지 2년이 넘었지만 제대로 정원이 채워진 적이 없다. 어림도 없는 부족한 인력으로 일할 수 있는 기반부터 마련되지 못했다.

이로 인한 부작용으로 공수처 검사들이 집중도 있게 업무를 관장하기 어렵다. 그렇다 보니 인지수사는 현실적으로 어렵고 검찰과 경찰, 감사원으로부터 이첩된 수사와 의뢰 사건을 해결하기도 벅찬 상태다.

일손이 부족해 오히려 공수처에서 검찰로 사건을 이첩하는 경우도 적지 않은 형편이다. 뿐만 아니라 수사에 관련된 정보와 데이터가 축적되지 않아 검찰보다 수사에 인원이 더 많이 필요할 정도다.

많은 전문가들은 시간이 해결해 줄 수 있는 문제가 아니라고 말한다.

수사 실무를 담당하는 수사관들은 이미 과부하 상태다. 통상적으로 수사에 있어 검찰은 검사 한 명당 수사관 2~3명을 배치한다. 그러나 공수처는 검사 한 명당 수사관이 1.6명이다. 대부분의 수사관들이 소속 부서의 총무 역할, 수사와 직간접적으로 연결된 행정 업무까지 직접 처리하고 있다.

출범할 때부터 수사관들이 소속 업무 외에도 여타 TF팀 지원 근무를 해야 했다. 그러다 보니 업무의 연속성도, 소속감도 떨어졌다. 수사관뿐만 아니라 행정직원들의 손은 열 개라도 부족할 지경이다.

공수처 내부는 시들시들 병들어 가고 있다. 검사와 수사관, 행정직원 모두가 과중한 업무에 시달리고 있다. 업무효율은 떨어지고 성과는 나오지 않는다. 공수처에 큰 뜻을 품고 지원한 직원들의 사기는 땅에 떨어졌다. 검사와 수사관들의 사표가 줄줄이 이어졌다.

현재 공수처는 정상적 기능 수행이 어려운 실정이다. 공수처 입법 취지를 수행하기 위해서는 조직 규모를 확대해 조직 체계의 대대적인 정비가 필요하다.

그렇다면 해결방안은 없는가?

우선 수사를 할 수 있는 정원부터 늘려야 한다. 사람이 있어야 수사를 하든 기소를 하든 조직이 제대로 굴러갈 것 아닌가. 반드시 인력 확대로 수사 조직을 전문화하는 직제의 재정립이 필요하다.

하지만 생각만큼 공수처 인력을 늘릴 수 없다는 것이 문제다. 공수처 정원 확대를 위해서는 우선 관계법을 개정해야 한다. 정부기관의 정원은 대부분 직제에 규정되어 있지만 공수처는 법률로 규정되어 있기 때문이다.

이미 국회에 공수처 정원을 늘리는 법안 등 관련 개정안이 발의되어 있다. 인력 증원은 공수처가 제 기능을 복원하기 위한 최소한의 조치이지만 현실적으로 쉽지 않다. 개정안에 대해 국회의원들이 별다른 관심이 없기 때문이다. 정부 여당은 공수처 도입에서부터 결사 반대해 왔다. 야당인 민주당 의원들 또한 큰 관심이 없다.

현재 국회에서 공수처법 개정안을 발의하고, 공수처 관련 예산배정을 위해 목소리를 높이는 의원은 소수 민주당 의원들뿐이다.

민주당의 최우선 목표는 공수처 출범이었다. 출범 후 법 개정으로 공수처를 키워볼 생각이었지만 아쉽게도 공수처의 중립과 공정성이 윤석열 정권이 들어선 이후 퇴색되는 징후가 끊이지 않는다.

초록은 동색이고, 가재는 게 편이라는 말이 나온 것도 윤석열 정권 출범 이후다. 민주당 입장에서는 공수처를 키워봤자 야당을 때려잡는 앞잡이가 될 위험성을 배제할 수 없다고 판단한 것이다. 그도 그럴 것이 출범 후 공수처가 보여준 모습은 검찰이 저질러 온 관행을 되풀이하는 것처럼 비춰졌다.

검찰권력 견제를 위해 출범한 공수처가 어쩌다 이 지경이 됐을까?

그 물음에 대해 정답을 찾기란 쉽지 않다. 당시 민주당의 어설픈 판단, 국민의힘을 비롯한 검찰의 집요한 훼방, 공수처의 정체성을 제대로 판단하지 못한 스스로의 미숙함.

그 많은 질문 속에 공수처가 1호 사건으로 정했던 조희연 서울시교육감 사건은 많은 시사점을 제공한다. 권력형 비리 척결을 위해 출범한 공수처가 부당 해직된 교사를 특별 채용한 일을 수사 대상으로 삼았기 때문이다.

그런데 이 사건의 본질은 '직권남용죄의 남용'이라기보다 '교사들의 정치활동'이었다. 정치참여는 국민의 기본권이다. 또한 민주사회를 구성하는 핵심권리다. 국민 누구나 성별, 직업과 귀천에 관계없이 정치적 의사를 표현할 수 있어야 한다.

참정권은 나라의 주인이 국민임을 확인하는 근본 주권이다. 당연히 법적으로 보장받아야 할 국민의 신성한 권리다. 헌법을 관통하는 가장 핵심적인 가치이자 이념이다.

공무원의 정치적 중립은 군사정권이 만든 폐해다. 하지만 참정권의 박탈 억압체제는 지금 이 순간까지 지속되고 있다. 조희연 교육감 사건의 경우 선관위의 해석에서 시작된다. 교육직 공무원이 교육감 선거에 관여한 일이 무단 해직으로 이어졌다. 교원의 정치적 기본권이 철저하게 무시당한 셈이다.

이에 따라 공수처가 현행법을 앞세웠지만 공수처의 정체성과 과연 적합한 사안이었는지, 아니면 고도의 정치적 판단이 개입했는지 의문이 남는 사안이었다. 고위공직자의 비리와 부패, 명백한 권한남용에 힘을 써야 할 공수처가 법적용에 문제가 많은 사안에 스스로 뛰어들어버린 셈이다.

공수처는 법을 집행하는 기관이기 이전에 국민 앞에 당당한 법집행이 이뤄져야 한다. 그렇지 않다면 문제가 되고 있는 검찰 권력과 크게 다를 바가 없기 때문이다. 원님의 비리와 부패를 잡으라고 만든 공수처가 서당 훈장이 권한을 남용하여 학동들 월사금을 임의로 깎아줬다고 육모방망이를 든 셈이다.

공수처의 정체성은 검찰 권한을 분산시키려는, 즉 민주주의의 기본 가치를 실현하기 위함이다. 법의 올가미에 씌워진 무소불위의 권력을 견제하기 위함이다. 그리고 그 견제 장치로 권력 분산을 위한 공수처가 만들어진 것이다.

공수처의 역할이 권력 분산이지 권력 강화가 아니라는 사실을 알아야 한다. 그 길은 국민 앞에 당당한 공수처가 되는 것이다.

　윤석열 정권에서 검찰개혁은 일시 중단될 것이다. 공수처 권한과 조정도 검찰이 주도하게 될 것이다. 공공연히 공수처의 고위공직자 사건에 대한 우선수사권도 폐지하겠다고 공언하고 있다.

　지금 당장은 무소불위의 권력을 휘두르고 있지만 법과 질서를 지키지 않는다면 결국 권력은 지속되지 못한다. 자신의 권력을 지키기에만 혈안이 되어 있는 검찰은 반드시 국민의 저항에 직면하게 될 것이다. 그리고 그때가 되면 공수처가 새롭게 부상할지 모른다.

　그날을 위해서라도 공수처는 국민과 함께 국민을 위해서 복무해야 한다. 그리고 스스로의 정체성을 지키는 일에 집중해야 한다.

무너지는 법치

윤석열 대통령의 국정연설을 살펴보면 가장 중요한 메시지가 '자유민주주의 수호'다. 그리고 자유민주주의의 적을 반국가세력이라고 규정하고, 공산주의를 그 맨 앞줄에 세웠다.

현시대를 "자유민주주의와 공산전체주의가 대결하는 분단의 현실"이라고 진단하고 "공산전체주의를 맹종하며 조작선동으로 여론을 왜곡하고 사회를 교란시키는 반국가세력들이 여전히 활개치고 있다"고 말한다.

윤석열 대통령이 말하는 자유민주주의는 국가를 의미하는 것 같다. 정권에 반대하는 세력을 겨냥하는 발언으로 읽혀진다.

그런데 자유주의의 가치란 개인의 자유와 권리에서 시작한다. 국가가 공공의 이익을 위해 자유를 일부 침해할지라도 민본주의 국가의 밑바탕에는 여전히 시민, 즉 개인의 자유가 우선이다.

사상의 자유는 민주주의 국가를 구성하는 기본 단위다. 역사를 돌아보면 오히려 국가권력이 자유를 앞세워 국민 개개인의 사상의 자유를 짓밟아 왔다. 군사독재시대에 횡행하던 그 '자유주의 국가'들을 추앙하던 세력들과 싸워 온 과정이 한국 현대사에서 민주화의 역사다.

국가권력을 대표하는 대통령이 '개인'의 다양한 사상을 공산주의로 못 박고 처벌한다면 우리는 다시 독재국가에서 살아가야 할지도 모른다. 국가권력은 규정된 법률로만 국민의 자유와 권리를 침해할 수 있다. 법치란 법에 의해 통치되는 제도다. 그에 반대되는 법을 무시한 통치가 전체주의 독재다.

윤석열이라는 검사 출신의 개인은 공정성을 앞세워 대통령이 됐다. 그리고 그 공정성의 기반은 법이다. 그렇다면 윤석열 정권 1년이 지난 시점에서 대한민국은 얼마나 법치의 공정성이 지켜졌으며, 자유주의의 가치가 정립되었는지 살펴보는 것은 유의미한 일이다.

우선 윤석열 정권의 검찰이 정치세력 특히 야권에 편향된 법치를 적용하는 것은 어떤가?

가장 도드라진 특징 중 하나가 '직권남용'과 '제3자 뇌물수수'다. 이 두 가지의 법 집행은 선출직 공직자, 즉 지방자치제

단체장의 행정행위 재량 범위를 축소시켜버렸다.

현재 재판중인 이재명 대표의 성남FC 사건의 주된 범죄 혐의 구성 논리가 바로 직권남용과 제3자 뇌물수수다. 그런데 검찰이 해석하는 식으로 따진다면 대한민국 모든 지자체의 단체장들은 검찰의 기소를 피할 수 없다. 피할 방법은 오로지 하나다. 검찰이 기소를 하지 않는 방법밖에 없다.

공직자의 권한은 굉장히 포괄적이고 함의적이다. 문제는 정당한 권한 행사와 부당한 직권남용을 구분하기가 매우 모호하다는 데 있다. 말 그대로 이현령비현령^{耳懸鈴鼻懸鈴}이다. 검사의 재량에 따라 마음대로 수사와 기소를 강행할 수 있으며, 반대로 안 할 수도 있다.

검찰의 논리를 따르면 지자체 장이 공무원들의 반대를 무릅쓰고 정책을 실행했다면 직권남용이 될 수밖에 없다. 그렇다면 지자체 장이 왜 필요한가? 차라리 화백제도를 복원해야 할 판이다.

정치인 출신의 선출직 공직자의 직권은 명백한 비리나 불법이 아닌 이상 유권자의 심판과 주민소환에 의해 심판 받는다. 그런데 검찰이 선출직 공직자의 권한을 규정하고 심판하겠다고 나선 것이다. 이것은 법 집행을 넘어 명백한 정치행위이며, 검찰이 국민의 참정권을 침해하는 행위다.

'제3자 뇌물수수'의 경우 더 큰 위험성을 내포하고 있다.

제3자 뇌물수수죄는 공무원이 뇌물을 직접 받지 않고 다른 사람으로 하여금 받게 하는 경우이다. 단순수뢰죄의 경우 부정한 청탁을 받은 것을 요건으로 하지 않지만, 제3자 뇌물수수죄는 공무원이 부정한 청탁을 받은 것을 요건으로 하고 있다.

하지만 검찰이 이재명 대표에게 적용하는 제3자 뇌물수수죄는 '부정한 청탁'의 의미를 검찰이 자의적으로 해석하고 있다는 점에서 문제점이 있다.

검찰이 이재명 대표에게 적용한 잣대로 보면 선출직 공직자가 지역의 발전을 위해서 기업을 유치하고 학교를 유치하는 모든 행위들은 제3자 뇌물수수의 범주에 포함될 수밖에 없다. 뇌물 수여 당사자가 본인이 아니더라도, 설령 그 이익이 공공의 이익이라고 하더라도 제3자를 위한 뇌물 수수에 해당되기 때문이다.

이것이 과연 자유주의 국가에서의 공정한 법치인가?

두 번째, 법치의 공정성이다.

조국 전 장관에 대한 수사, 이재명 대표에 대한 수사 등 야권에 대한 융단폭격식 수사는 그야말로 차고 넘치니 애써 예를 들 필요도 없겠다.

윤석열 정권에서 대통령 장모 최은순 씨 비리 혐의들은 솜방망이 수사로 일관됐다(보다 못한 법원이 검찰의 솜방망이 수사를 지적하듯 법정구속을 하긴 했지만). 고발사주 손준성 검사 사건은 아예 검찰에서 공수처로 넘겨버렸다.

김건희 여사의 도이치모터스 주가조작 가담 여부에 대해서는 시간을 질질 끌더니 허술한 수사로 무죄 면죄부를 안겨 줬다.

세 번째, 검찰공화국의 법치다.

검사 출신이 대통령이 될 수는 있다. 그러나 검사 출신들이 국가행정을 좌지우지하는 것은 문제다. 검찰 출신들이 행정부를 직접 통솔하는 시스템은 대한민국 헌정 사상 초유의 일이다. 법무부는 물론이고 금감원이나 국가정보원, 한술 더 떠 고용노동부와 교육부 등의 수장과 요직에 검사가 파견됐다. 국가 운영을 검찰의 시각으로, 검찰의 편협한 법의 잣대로만 통치하고 있는 것이다.

보도에 의하면 윤석열 정부의 요직에 130명 이상의 전·현직 검사가 포진하고 있다고 한다. 민간 대기업 사외이사 등에도 버젓이 진출해 있다. 대기업이 검사를 영입하는 이유는 혹시 닥칠지 모르는 검찰의 수사를 대비한 유비무환의 준비성 영입일 터다.

넷째, 한국사회를 갈등으로 몰아가고 있다는 점이다.

정부는 정책으로 일한다. 정책의 대부분은 국민의 동의를 얻어야 하며, 그러기 위해서 설득과 타협이 필요하다. 민주주의가 더디고 힘든 것은 바로 이 대화를 통한 설득의 과정이 쉽지 않기 때문이다.

윤석열 정부는 국민과의 대화를 거부한다. 정책을 시행하는 과정에서 자의적으로 옳고 그름을 내세운다. 과도한 자의적 판단은 설득의 대상을 악으로 규정해버린다. 전형적인 검찰 수사 방식이다.

윤석열 정부에서 건설노조는 건폭이 됐다. 건설 현장에서 발생할 수밖에 없는 노사 간의 갈등과 현장 안전관리 그리고 지역 경제에 대한 다양한 정책이 고려돼야 한다. 그러나 이 모든 과정에서 야기되는 행위를 그저 법의 잣대로 불법과 합법만 따진다. 국가행정을 검찰 수사 방식으로 하고 있다는 단적인 예다.

다섯째, 국민 안전에 대한 법치다.

윤석열 정부의 행정은 과도하게 법을 앞세운 나머지 법률에 위배되지 않으면 문제가 없다는 방식을 고수하고 있다. 이태원 참사 사건에서 보여준 윤석열 정부의 처리 방식은 피해자와 그 가족 그리고 국민의 상처를 이해하지 않고 재난 상황을 초래한 대상에 대한 법적 추궁을 목표로 했다. 재난 상황을 직접적으로 야기한 사람은 당시의 현장에 있었던 국민들이었으며 상인들이 될 뿐이다. 그렇다 보니 직접 원인 제공자가 아닌 이상민 행안부 장관은 처벌의 대상에서 제외되었다. 법대로 따지면 아무 문제가 없고 당연한 일이라고 강변한다.

여섯째, 검찰 통치가 헌법의 가치를 훼손하고 있다.

국회는 민의의 대변이기도 하며, 국민을 대리해 법을 만들고 사법과 정부를 견제하는 역할을 한다. 삼권분립의 원칙에 의거해 국회는 국민의 권력을 위임받은 가장 큰 집단이다. 따라서 국회의원 한 사람, 한 사람을 헌법기관이라고 표현하기도 한다.

그런데 국회가 통과시킨 법률을 일개 국무위원인 한동훈 법무부 장관이 무력화시켰다. 법치의 근본은 의회가 제정한 법을 법률대로 집행하는 일이다. 국회가 법으로 검찰 수사권의 구획을 규정했다. 그런데 시행령으로 국회의 입법권을 무찔러버렸다. 삼권분립과 법치주의 원칙을 정면으로 위배하는 행위다.

일곱째, 법치의 공포다

이제 '죄 없으니 법대로 하라'는 말은 윤석열 정권 하에서 더 이상 통용되지 않는다. 검찰이 충분히 죄를 만들어 낼 수 있기 때문이다.

시민 개개인이 법의 공포에 쫓어간다. 힘 있는 정치인도, 기자도, 기업가도 법의 공포에서 자유로울 수 없는데, 하물며 힘없는 국민은 말해 무엇 하랴!

더 무서운 것은 검찰이 펼치는 강력한 법의 칼날에 아무것도 할 수 없다는 무력감이다.

본시 한비자가 설파한 법치의 의미는 위정자의 덕목이지 백성을 통치하는 행위가 아니다. 하지만 윤석열 정권은 법치를 오로지 국민을 통치하는 수단으로만 악용하고 있다. 권력이 법을 앞세워 국민 위에 군림하는 국가는 전체주의 국가다. 법치의 핵심은 법을 통한 국민의 권리와 자유를 보호하는 일이다.

윤석열 정권의 검찰 통치는 대통령이 말하는 자유주의를 스스로 부인하는 꼴이다.

검찰개혁에 대한
소신

청와대 근무 당시 문재인 대통령은 시종일관 이렇게 말씀하셨다.

"국가정보원, 검찰, 경찰 개혁은 민주공화국의 가치를 바로 세우는 시대적 과제입니다."

'권력기관 개혁의 법제화와 제도화'는 촛불혁명으로 시작된 문재인 정부의 소명이었다. 대통령은 "두려운 것은 법·제도적 개혁까지 가지 않으면 되돌아갈지 모른다는 것"이라고 얘기했는데, 그 우려가 현실이 되고 있다.

검찰·경찰·국정원 등 권력기관의 개혁 완수를 위해서는 입법을 통한 제도화가 필수였다. 그 점에 있어서 우리는 치밀하지 못했다. 변명 같지만 그래도 격렬한 저항을 뚫고 만들어낸 성과다. 어쩌면 불가역적 제도개혁은 요원한 꿈인지도 모른다.

권력기관 개혁의 입법화를 통해서 우리는 너무 큰 상처를 입었다. 수구세력은 똘똘 뭉쳤고, 그 힘은 실로 막강하고 두려웠다. 정치세력과 언론, 검찰 및 기득권세력의 반격은 집요하고 끈질겼으며 새로운 시대의 문을 걸어버렸다.

윤석열 정부는 권력기관 개혁을 삽시간에 퇴행시켰다.

대통령실은 국가정보원의 대공수사권 경찰 이관을 앞두고, 국정원에 수사 지원 조직을 신설하는 방안을 논의하고 있다. 대통령실이 국정원의 '수사 개입'을 공식화하는 셈이다.

이와 함께 국정원을 중심으로 2023년 연말까지 검찰과 경찰이 함께 대공합동수사단을 운영하기로 했다. 사실상 개정 국정원법을 우회해 국정원이 대공수사를 실질적으로 주도하겠다는 말이다.

검찰의 정보기능 강화도 본격적으로 시작됐다. 법무부는 수사 정보를 악용해 왔다는 비판을 받은 대검찰청 범죄정보기획관을 부활했다.

공안정국의 어두웠던 기억이 다시 피어오른다. 윤석열 대통령과 정부는 공산당 세력을 들먹이며 정권에 반대하는 세력 척결을 공공연하게 다짐하고 있다.

여당과 정부는 공공연하게 '대공수사권 이관 재검토'를 주장해 왔다. 그리고 보란 듯이 민주노총 총연맹과 산별노조에 대한 전방위적 압수수색으로 기억 속에 사라진 공안정국의 공포를 다시 조성하고 있다. 어쩌면 다시 대공수사를 명목으로 반대 세력을 탄압하는 어두운 역사가 되풀이될지도 모른다.

문재인 정부의 국정원과 검찰개혁은 정권이 권력기관을 앞세워 국민을 압제하고 정부에 반대하는 인사를 탄압하던 역사를 종식하기 위해서였다.

권력기관을 정권 보위를 위한 수단으로 악용하는 일은 필연적으로 국민의 자유를 억압하고 개인의 인권을 침해한다. 권력기관 개혁을 뒤엎는 일은 시대정신을 거스르는 일이며, 결국 국민의 저항에 직면하게 될 것이다. 지금까지 대한민국 역사가 그랬다.

촛불이 꺼진다 해도 새벽은 꼭 온다.

대한민국 국민은 정의를 안다. 독재의 억압을 이겨내고 민주화를 열어 온 국민이다.

검찰을 비롯한 권력개혁은 더 성숙한 민주주의를 위한 전진이다. 설령 지금 넘어졌다고 해도 결코 포기할 수 없다.

검찰의 중립과 공정성을 위한 노력을 멈출 수 없다. 검찰개혁은 계속되어야 한다.

검찰은 법의 수호자인 동시에 공정한 법치로 사법정의를 실현하는 최일선의 선봉장이다. 검찰을 정치권력으로부터 독립시켜 법집행의 공정성과 엄정성을 복원해야 한다. 국민의 신뢰를 회복하고 법 집행기관으로서 인권보호와 사회정의 실현에 앞장서는 검찰상을 재정립해야 한다.

그 꺼져가는 개혁의 촛불에 다시 불을 붙이는 것은 바로 당신과 나, '우리'다.

| 5부 |

문재인 정부
청와대 이야기

나는 노무현
키즈였다

'누구든지 체포나 구속을 당한 때에는 즉시 변호인의 조력을 받을 권리를 가진다.'

대한민국 헌법 제12조 제4항에 명시된 국민의 권리이다. 이 헌법 조항이 속된 말로 변호사 밥줄의 원천이다. 노무현 전 대통령의 "변호사는 굶어 죽지 않는다."는 말은 명언이다.

필자는 20년 가까이 서초동 바닥에서 변호사로 살아왔다. 시민을 위해 봉사하는 변호인이 되기 위해서 나름 고민하며 살아왔지만 돌아보면 늘 부끄럽다. 변호인으로서 나의 롤 모델은 노무현 전 대통령이다.

고백하자면 나는 '노무현 키즈'였다. 이마에 여드름이 돋기 시작하던 사춘기 소년의 눈에 비친 청문회 스타 노무현은 정말 정의롭고 멋진 사람이었다. 노무현이라는 정치인을 좋아하다 보니 정치를 하기 이전에 부산에서 내로라하는 인권변호사였다는 사실을 알게 됐다.

인권변호사라는 말에 함의된 '정의로움'이 소년의 가슴을 뛰게 만들었다. 조영래 변호사가 쓴《전태일 평전》을 밤새워 읽고 눈이 퉁퉁 붓도록 울었다.

'정의'라는 말이 수많은 의미를 포괄하고 있는 철학적 명제라는 사실을 그 당시에는 몰랐지만 약자를 대변하고 국민을 압제하는 권력에 맞서는 당당함이 좋았다. 나중에 꼭 정의로운 변호사가 되겠다고 다짐한 계기가 됐다.

그 다짐이 쌓여 법대에 갔고 그야말로 천신만고 끝에 변호사가 됐다. 공부를 잘했다기보다는 할 줄 아는 것이 공부밖에 없었다고 해야 맞겠다.

돌이켜 보면 정말 힘들게 공부했다. 기약 없는 미래를 담보로 뜨거운 청춘을 바쳤다. 집안 여건도 넉넉하지 않아 부모님께 늘 죄송한 마음이었다. 지금도 가끔 절망의 나락까지 떨어졌던 창도 없던 신림동 그 좁아터진 한 평 반 고시원 악몽을 꾸고는 한다. 이번에도 안 되면 접자는 심정으로 치른 시험에 운 좋게 합격했다. 늦깎이로 사법고시에 합격한 것이다.

노력은 배반하지 않는다. 다만 포기하지 않을 때 말이다.

사법시험 합격 여부를 확인하던 날, 남몰래 흘렸던 눈물이 잊히지 않는다. 정말 좋은 변호사가 되리라 다짐했다. 정의롭고 좋은 변호사.

사법연수원 동기 대부분은 판사와 검사를 희망했지만 난 초지일관 변호사를 선택했다. 마음 한구석에 어린 시절의 다짐이 웅크리고 있었기 때문이다. 한 번 원칙을 정하면 웬만해선 바꾸지 않는 미련퉁이여서 그랬는지도 모르겠다. 아무튼 돈을 펑펑 버는 변호사가 아닌 노무현 키즈답게 난 밥은 굶지 않는 변호사가 됐다.

사법연수원을 다니면서 정말 좋은 법조인이란 무엇인가라는 생각을 했다. 법조문만 달달 외운다고 해서 좋은 판검사나 변호사가 되는 것은 아니다.

머리만 좋은 법조인. 어쩌면 대한민국 법조인의 한계일지도 모른다. 실제로 선후배 판검사를 만나보면 세상 물정을 잘 모르는 경우가 허다하다. 격무에 시달리고 만나는 사람이 동료들밖에 없다 보니 그럴 수 있다.

물론 일부겠지만 대기업에 다니는 또래보다 상대적 박봉에 시달리는 판검사들이 오히려 노후대책이나 미래에 대한 걱정이 없다. 씀씀이도 크고 빚으로 살아도 크게 개의치 않는 경우가 많다. 퇴직 후 충분히 갚을 수 있다는 믿음 때문이다. 퇴직 후 로펌에서 몇 년만 지내면 평범한 월급쟁이가 평생을 번 만큼 돈을 벌 수도 있다. 일반화시키기는 그렇지만 그런 경우가 드물지 않다. 그래서 전관예우는 공정을 가로막는 사회악이다.

인간에게 법이 중요한 이유는 법의 울타리를 벗어나서 살기 힘들기 때문이다. '법 없이도 살 사람'이라는 말은 역설적으로 법이 있기 때문에 가능한 일이다. 그래서 법은 가난한 아르바이트 청년에게도 돈 많은 아버지를 둔 금수저에게도 공평해야 하는데 실제는 그렇지 못하다.

비정규직 노동자 청년의 가방에 들어있던 사발면의 무게를 법의 저울로 계량할 수 없다. 그러나 법을 운용하는 법조인은 고단한 삶을 이해할 줄도 알아야 하며 노동자의 해어진 작업복과 법의 사다리로 결코 건널 수 없는 구조적 불평등 앞에 가슴 아파야 한다. 법의 정의가 삶의 정의로 갈음될 수 있도록 고민하고 깨어 있어야 한다.

'준비된 법조인'이라는 말은 이럴 때 통용될 수 있겠다. 법의 참뜻을 실천하고 바르게 펴기 위해서 법조인은 자신의 축적된 경험과 능력에 대한 자신감 그리고 그에 따르는 상대적 평가가 인정되어야만 한다.

과연 '준비된'이라는 말을 자신 있게 쓸 수 있는 법조인이 얼마나 될까?

'정치인' 문재인과의
만남

　변호사가 되고 변호인의 길을 걸어오며 그동안 미처 몰랐던 내 마음에 웅크린 분노를 알게 됐다. 그 분노란 정의 따위의 거창한 개념어보다는 상식과 원칙을 지키지 않는 사람들에 대한 성냄이었고, 악용된 법에 피해 받는 약자들에 대한 연민이었다. 따지고 보면 바르게 사는 사람들이 피해를 당하는 부조리한 현실을 향한 불뚝 성질이었다.

　현장에서 법이 집행되는 과정에서 드러나는 부조리를 목격하고도 그저 소 닭 보듯 보고만 있어야 할 때 느끼는 절망감은 정말이지 사람을 왜소하게 만든다. 공고한 사회적 부조리 앞에서 변호사라는 내 명함은 너무 얇고 초라했다. 그럴 때마다 크게 분노했다. 어쩌면 그 현실을 받아들일 수 없어 더 분노했는지도 모르겠다.

결국 부조리한 현실의 벽은 나를 정치참여로 이끌었다. 법을 만드는 것은 결국 정치다. 정치가 부패하고 더럽다고 회피하면 결국 좋은 법은 만들어질 수 없으며, 그 피해는 온전히 힘없는 시민이 감내해야 한다.

김대중 대통령은 불의한 권력에 맞서 "담벼락에 대고 욕이라도 하라"는 유훈을 남겼다. 불의 앞에 방관하는 것 역시 불의이며 행동하지 않는 양심은 악의 편이다.

나는 현장에서 그 부조리한 현실의 벽을 너무나 생생하게 느꼈다. 그러나 대가리만 큰 낮은 백성이 할 수 있는 일은 별로 없었다. 불의의 담벼락에 대고 침이라도 대차게 뱉어야 했다. 그것이 내 앞의 불의에 대항하는 일이다. 작지만 내가 가진 정성을 올바른 법을 만드는 정치에 일조하기로 했다.

정치가 법을 만들지만 아이러니하게 법은 정치를 지탱하는 힘이기도 하다. 법과 정치는 불가분의 관계이며, 실제로 변호사가 정치권과 정당에서 할 일은 생각보다 많았다. 민주당에 관계하던 많은 선배들이 도움을 요청해왔다. 그때마다 기꺼이 참여했다. 시간이 갈수록 법률민원부터 재판 상담까지 나를 찾는 곳이 많아졌다. 당의 호출을 받으면 이렇게 중얼거렸다.

"재판을 이렇게 열심히 했다면 진즉에 부자가 됐을 텐데."

정치판에서 알음알음 사람들을 만났다. 만나 보니 어느 부류나 사람 사는 세상은 다 똑같았다. 단지 변호사라는 명함을 들고 다닌다는 이유로 자발적으로 밥값, 술값을 많이 냈지만 그게 뭐 대수이랴.

정치판이 양아치들만 득시글대는 동네인 줄 알았는데 알고 보니 천진난만한 사람들이 더 많았다. 세상을 바꿔 보겠다는 청년 시절의 열정을 잃지 않고 끈끈한 의리와 지나치다 싶을 만큼 우국충정으로 뭉친 사람들이 적지 않았다. 물론 개중에는 영악하고 권력에 빌붙어 출세를 도모하는 사람도 있었지만 어떤 사회구성체나 조직에도 그런 부류는 있기 마련이다.

그렇게 민주당 일을 하다 보니 정치인 문재인을 만났다. 인권변호사 노무현을 좋아했으니 저절로 문재인도 좋았다. 얼굴만 빼면 두 사람의 본성은 퍽 닮았다. 그리고 두 사람이 지향하는 사람이 먼저인 '사람 사는 세상'을 만드는 일은 심장이 두근거릴 만큼 가슴에 와 닿았다. 크고 작은 일을 가리지 않고 주어지는 일을 닥치는 대로 했다.

정의로운 세상을 만들고 싶은 마음에 기꺼이 정치에 참여했지만, 우라질! 나를 필요로 하는 곳이 정말 많았다. 결국 19대 대선이 시작되고 문재인 캠프에 합류했다. 문재인 후보를 위해 선거법과 법률지식을 따지고 의견을 제공하는 일이 주된 임무였으며, 그동안 변호사로 관계를 맺어온 직능단체 사람들을 문재인 후보 지지자들로 변화시키기도 했다. 재주라고는 열심히 일하는 것밖에 없던 터라 또 열심히 했다. 그러다 보니 문재인 정부가 들어서고 나는 청와대 민정수석실 행정관으로 발탁됐다.

　세상사도 그렇지만 사람의 일도 참 모를 일이다. 부모님은 사법고시 합격 이후 두 번째로 크게 기뻐하셨다. 아내는 대놓고 티를 내지는 않았지만 수입이 줄어들 것이라는 냉정한 현실을 담담히 받아들였다.

촛불혁명과
문재인 정부의 출범

대한민국 현대사에서 촛불은 혁명이었다.

피로 얼룩진 세계혁명사에 대한민국은 처음으로 평화로운 혁명의 불꽃을 피워냈다. 4.19 혁명으로 시작한 한국의 민주화 운동의 역사를 이어 받아 찬란한 금자탑을 세운 기념비적 민중혁명이었다. 수천만 명이 참가했지만 단 한 차례의 유혈사태도 일어나지 않았으며, 남녀노소를 가리지 않은 그야말로 축제와 같은 전혀 새로운 민중봉기를 만들어 냈다.

대한민국 헌법에 명시한 주권이 국민에게 있음을 정치권력에 똑바로 알린 대사건이었다. 프랑스 대혁명 이후 새로운 혁명론을 다시 써야할 만큼 위대한 역사의 불꽃이었다.

촛불혁명으로 시작된 문재인 정부는 그만큼 민중의 압도적인 지지로 출범했다. 문재인 정부의 성공은 촛불혁명의 성공이어야 했으며, 새로운 세기를 이끌어가는 대한민국 민주주의의 이정표였다.

그런데 세계사 여타 혁명과 달리 촛불혁명은 제도적 절차, 즉 민주주의 선거 하에 그 결과를 노정했다. 따라서 구체제 앙시앵 레짐$^{ancien\ régime}$의 반격이 충분히 내재돼 있었다. 세계 모든 혁명사에서 혁명의 주체세력은 집권에 실패하거나 구체제의 반동으로 인한 역사의 후퇴를 경험한다.

표면적인 민중혁명의 승리에도 불구하고 이전까지 박근혜 정권을 주축으로 했던 구체제 주동세력은 여전히 강고한 힘을 가지고 있었다. 막강한 재벌기득권 세력이 경제를 장악하고 있었으며, 보수 수구언론 역시 거대한 힘으로 여론을 압도하고 있었다. 이와 함께 법을 앞세운 검찰 권력은 쓰러져 가는 구체제를 하나로 묶어낼 수 있는 보수반동의 핵심이었다.

촛불시민이 요청한 적폐세력 청산이라는 시대정신을 구현하기 위해서 문재인 정부는 검찰을 앞세울 수밖에 없는 상황이기도 했다. 정작 검찰권력이 적폐청산의 대상이었지만 개혁 대상자가 개혁의 도구로 쓰이는 모순적 상황이 문재인 정부의 한계였다.

문재인 정부는 노무현 정부 시절 검찰개혁 실패의 원인을 잘 알고 있었지만 불안한 적과의 동침을 시작할 수밖에 없는 기묘한 운명이기도 했다. 그나마 다행스러운 것은 헌법이 가지는 가치와 정신이 특권층에 의해 무너지던 흐름을 다시 국민의 힘으로 일으켜 세웠다는 것이 보수 세력에게도 커다란 충격이었다는 점이다.

문재인 정부는 민중의 열망을 헌법의 가치 속에서 실현해야 하는 시대적 과제를 떠안았다. 한반도 핵 위기와 코로나19라는 전대미문의 위기를 극복하고 한반도 평화, 경제, 안보, 문화면에서 가시적 성과를 이룩했다. 하지만 한국사회가 안고 있던 구조적인 갈등까지 해결하지는 못했다.

정치적으로 보수와 진보는 더욱 첨예하게 대립했고, 사회적으로 적폐세력과 개혁세력은 분열됐으며, 경제적으로 구조적 불평등의 고리를 혁파하지 못했다. 이와 함께 과감한 개혁을 열망하는 진보층의 요구를 적극 담아내지 못하여 진보세력 분열의 불씨를 잉태했다.

임기 말에 터져 나온 집값 폭등으로 인한 자산불평등의 격차, 민주세력이 보여준 도덕 불감증은 민심을 떠나게 하는 주요 원인으로 작용했다. 물론 재벌과 보수정치, 검찰과 언론의 강고한 카르텔의 반격이 문재인 정부의 도덕성을 끌어내리는 추동력이었음을 부인할 수 없다.

분명한 사실은 민주진영의 정치적 도덕적 해이함과 진보세력의 분열이 이념적 갈등으로 인한 집단 대결을 만들었다는 점이다. 광화문은 촛불시민과 태극기 부대로 갈리고 극우세력의 준동은 세대 간 갈등으로 부각됐지만 소통과 통합의 사회를 만들기 위한 노력은 부재했다. 결국 촛불혁명이 담고 있던 집단이성은 껍데기만 남았고 새로운 대한민국을 위한 민중의 열망은 무기력해졌다.

실로 아슬아슬하게 등장한 윤석열 정권은 법치가 아닌 권위주의 국가로 회귀하고 있다. 분열로 갈라진 사회를 봉합하기보다 오히려 국민들을 편 가르고, 노조를 악과 적으로 규정하고, 정권에 반대하는 목소리를 공산주의로 매도하고 있다. 이와 함께 문재인 정부에서 힘들게 기초를 닦아 온 권력기관 개혁의 노력을 물거품으로 만들었다.

대통령실은 물론이며 검찰과 국정원, 감사원까지 전문 관료가 아닌 권력기관이 정부와 정치를 주도하고 있다.

역사의 뒤안길로 사라진 냉전체제를 다시 한반도에 불러들여 동북아정세에서 대한민국이 자주적인 역량을 발휘하지 못하도록 갈등의 고리에 스스로를 묶어버렸다. 그리고 사회, 경제는 심각한 격차로 인한 갈등구조가 심화되고 있다.

그럼에도 불구하고 필자는 한국 국민의 역동성을 믿는다. 수구 보수 세력의 힘은 여전하지만 권력 지형은 더디더라도 조금씩 변화하고 있다. 깨어난 시민세력이 보수언론과 당당하게 맞짱을 뜨고 민주개혁세력이 정치, 사회, 경제 분야로 진입하고 있다.

촛불혁명은 미완이 아닌 현재진행형이다. 이 시대를 살아가는 우리는 다시 일어서야 한다. 한 자루의 촛불이 세상을 바꾸는 동력이 된 것처럼 시민 개개인의 새로운 세상을 향한 꿈을 다시 하나의 불꽃으로 타오르게 해야 한다. 새로움은 내일의 꿈이 아닌 현실의 동참이 만들어 낸다. 그 새로운 시작을 위해 지금 우리는 다시 어깨를 걸고 나갈 때다.

깨어 있는 시민은 역사 발전을 위한 최후의 보루다.

문재인 대통령의
리더십

청와대 일은 고되지만 즐거웠다. 뜻을 함께하는 많은 사람들과 함께 '검찰개혁'의 밑그림을 그리는 일에 동참했다. 새벽에 출근하여 자정이 가까워서야 퇴근했지만 피곤한 줄도 몰랐고 아침에 눈을 뜨면 오늘 해야 할 일에 대한 기대감으로 가슴이 뛰었다. 2년 가까이 청와대에서 근무하면서 수많은 역사의 현장을 목도하고 함께했다.

청와대 출신이다 보니 가끔 이런 질문을 받을 때가 있다.

"문재인 대통령의 리더십이 어떤 특징을 지니고 있다고 생각하십니까?"

그동안 일개 행정관이 대통령을 얼마나 속속들이 알 수 있었겠나 싶어 그저 웃고 말았다. 하지만 업무를 하면서 대통령의 마음과 뜻을 충분히 알고 있었다. 행여나 어른을 입에 올리는 것 자체가 경솔한 일인 듯싶어 자제해 왔는데 책을 빌려 대통령의 리더십을 소개해 본다면 이렇다.

첫째, 문재인 대통령의 리더십은 철저한 선공후사先公後私의 리더십이다.

사심私心이란 가족이나 친한 사람부터 챙기는 마음, 사적 이익을 탐하는 마음, 명예와 지위를 탐하는 마음이라 하겠다. 문재인 대통령에게는 그런 사심이 없다.

청와대에서 바라본 문재인 대통령은 '사私'란 존재하지 않는다고 해도 지나친 말이 아니다 싶을 정도로 반듯하게 국정을 운영했다. 국민을 생각하고 국가만을 생각하는 그야말로 철저한 공인이었다.

역대 정권들은 대통령의 임기 말이 되면 거의 예외 없이 가족이나 측근들의 비리가 터져 나왔다. 대통령의 지위와 권력을 악용한 호가호위狐假虎威였다. 이로 인해 지지율은 하락하고 임기 말 레임덕이 시작됐다.

문재인 정권은 마지막까지 가족 친지는 물론 주변 세력까지 단 한 건의 비리도 발생하지 않았다. 내부 단속에는 유난히 엄하여 청와대 직원의 사소한 잘못에도 엄격하게 다뤘다.

문재인 대통령은 임기 말까지 국민의 지지율이 50%에 육박했다. 이런 대통령은 현대 대한민국 정치사에서 단 한 명도 없었다.

둘째, 문재인 대통령은 실질적인 것을 중시하고 추구하는 실사구시實事求是 리더십이다.

실사구시는 '구체적인 사실과 현실에 입각하여 진리를 탐구한다.'는 뜻이다. 실질적인 것과 거리가 먼 공허하고 추상적인 것을 배격한다는 뜻이기도 하다.

춘풍추상春風秋霜!

대통령이 청와대 각 비서관실에 내린 액자이다. 남에게는 봄바람같이 대하되, 나에게는 가을 서리처럼 엄격해야 한다는 말로 공직자의 기강을 세웠다.

문재인 대통령의 연설이나 평소 언행에서는 화려한 수사修辭나 언변을 찾기 힘들다. 다만 소신에 입각하여 책임질 수 있는 말은 분명히 한다. 내 기억으로 문재인 대통령은 임기 초 그 수많았던 사건과 사고에 대해 결코 책임을 회피하거나 변명을 한 적이 없다.

정부의 잘못은 바로 인정하고 사건과 사고 앞에서는 총력 대응했다. 포항 지진, 강원도 산불, 코로나 창궐까지 보여주기보다는 실무를 중심으로 국가를 운영했다. 그 결과 대한민국은 세계에서 알아주는 안전한 나라가 됐다.

탄핵당한 박근혜 정권이 남긴 후유증은 실로 심각했다. 하지만 단 한 번도 전 정권을 탓하지 않았다. 대통령이 타는 헬기의 소음으로 주변 주민에게 피해를 줄까 싶어 가능한 헬기 이동도 자제했다.

휴일이면 삼청동 식당에 예고도 없이 불쑥 나타나기 일쑤였으며, 청와대 본관의 웅장한 집무실을 여민1관 작은 집무실로 옮겨 참모들과 소통했다. 청와대를 개방하여 가끔 탐방객들을 향해 창밖으로 손을 흔들거나 정원 내에서 이동 중에 마주치면 반갑게 손을 잡아주기도 했다.

셋째, 사람 하나하나에 대한 배려와 관심이 깊었다. 즉 배려의 리더십이다.

문재인 대통령은 한 번 정한 원칙과 소신을 일관성 있게 지켜나가는 스타일이었다. 그러다 보니 유연성이 부족한 것 아니냐고 말하는 사람들이 더러 있다. 하지만 문재인 대통령은 한 사람 한 사람에 대해 세심하게 생각하고 배려하며 관심을 기울이는 따뜻한 사람이다.

한때 대통령이 하대를 하고 화를 내면 측근이라는 우스갯소리가 돌았다. 그처럼 단 한 번도 직원들에게 함부로 대한다는 소리를 들어본 적이 없다. 그리고 대통령이 격노했다는 이야기도 들어본 적이 없다. 대통령의 사람에 대한 배려는 정치를 시작하기 전부터 유명하다.

인권 변호사 시절 고공철탑에 농성중인 노동자들의 사건을 수임하고 여름 뙤약볕에 혼자서 그 높은 철탑의 위태로운 사다리를 올랐다는 일화는 듣는 이의 마음을 뭉클하게 한다.

대통령이 그런 마음이니 아랫사람 역시 닮는다.

청와대 직원 중에는 수많은 계약직이 있다. 그 넓은 청와대를 청소하고 식당에서 일하는 분들이다. 우습게 들릴지 모르지만 정권이 바뀌면 그 계약직도 교체되는 일이 다반사였다. 문재인 청와대는 그분들을 교체는커녕 무기 계약직으로 돌렸다. 다시 말해 고용의 안정을 보장한 것이다.

소소한 일화지만 청와대 여민관에는 구두를 닦는 구두미화원이 있다. 60이 훨씬 넘은 분이었는데, 여민2관 지하 좁은 방에서 구두를 닦았다. 나도 쉬는 틈을 타 구두를 닦을 때가 있었는데, 구두를 닦는 동안 이런저런 얘기를 나누곤 했다.

그분은 박근혜 정권 때 청와대에 들어온 분이었다. 그래서인지 정권이 바뀌고는 자신도 교체되지 않을까 많이 불안했던 모양이었다. 그러나 아무리 기다려도 일언반구 말이 없었고, 아무 일도 일어나지 않았단다. 그런데 그분이 용산으로도 옮겨가 구두를 닦고 있는지는 모르겠다.

문재인 대통령은 보이지 않는 곳에서 일하는 사람, 실무현장에서 일하는 사람들에게 각별한 관심을 기울이는 대통령이었다. 사람의 소중함을 누구보다 잘 알았기 때문이다. "사람이 먼저다"라는 슬로건은 괜히 나온 것이 아니다.

넷째, 사소한 것이라도 한번 약속하면 끝까지 지키려는 자세다. 즉 신뢰의 리더십이다.

작은 약속이라도 소중히 여기는 것은 지도자로서 기본적 덕목이다. 하지만 쉽지 않은 것도 사실이다. 역대 대통령을 두고 보면 약속을 지키는 대통령과 지키지 않은 대통령으로 나눌 수 있다.

근래만 돌아본다면 이명박 대통령의 747공약은 허황된 거짓말이 됐다. 경제민주화를 강조한 박근혜 대통령은 오히려 재벌을 위한 특혜 정책만 앞세웠다.

문재인 정부는 경제적으로 역대 정부 중 가장 높은 성적을 거두었다. 전쟁 위기의 남북관계를 떠맡아 한반도 평화의 기틀을 마련했다. K문화가 전 세계를 휩쓸어 국격을 드높이고 K방역으로 국민의 생명과 안전을 지킴으로써 세계에서 가장 안전한 나라를 만들었다.

물론 문재인 대통령이 모든 공약을 다 지켰다고 말할 수는 없다. 그러나 본인의 약속을 지키기 위해 최선을 다한 대통령임은 분명하다.

지도자의 품격은 참모가 만드는 이미지가 아니다. 결국에는 그 본모습이 드러나게 되어 있다. 문재인 대통령의 리더십은 시간이 지나면 재조명될 것이라 믿어 의심치 않는다.

법이 바로 서야
좋은 정치를 할 수 있다

변호사로 활동하면서 정치는 별개의 영역이라고 생각해 왔다. 올바른 세상을 만드는 일에 동참하다 보니 청와대에서 근무까지 했지만 그렇다고 작심하고 정치인이 되겠다는 생각은 전혀 없었다.

청와대 근무는 정치에 대한 막연함을 또렷하게 만든 계기가 됐다. 노무현 대통령을 좋아하면서 정치가 우리 사회를 위해 무엇을 해야 하는지 어렴풋이 깨달았다면, 문재인 대통령을 보좌하면서는 국민과 국가를 위해 정치의 궁극적 지향점이 무엇인지 체득했다. 그럼에도 불구하고 과연 내가 정치를 해도 되는지, 정치를 왜 해야 하며 무엇을 실현해야 하는지 고민이었다.

가장 조심스러운 지점은 혹시 나의 사적 욕심이 정치를 하게끔 충동질하고 있는 것은 아닌가 하는 우려였다. 소위 말한 권력에 대한 욕망과 명예욕과 권위, 즉 '뽀다구'에 대한 로망이 내 눈에 콩깍지를 씌운 것은 아닐까?

우리 역사에 있어 정치는 늘 권위의 표상이었다. 정치는 힘과 권력을 수반하기 때문이다.

"느그 아부지 뭐 하시노?"

염량세태炎凉世態를 콕 집어낸 이 표제어에는 권력에 대한 사회적 통념이 고스란히 반영돼 있다. 한때 우리는 아부지가 장의사를 하든, 건달을 하든 좌우당간 힘이 있는 사람 앞에서는 괜스레 몸을 단정히 하고 눈깔을 고이 깔아 살포시 고개를 조아렸다.

정치인은 권력의 정점이었다.

일반화하기는 그렇지만 청와대에서 많은 공무원들과 만나면서 느낀 점 중 하나가 권위에 대한 순종이었다.

"맞습니다."

"예, 그리하겠습니다."

부처 공무원들이 거의 입버릇처럼 하는 말이다. 그렇게 해야 한다고 교육이라도 받았는지 정말 많은 공직자들이 저렇게 말했다. 자신보다 높은 직급을 가진 권위에는 무조건 순종적으로 따랐다.

그런 모습을 보면서 권위 등속에 선천성 알레르기가 있던 터라 이해가 쉽지 않았다. 그러나 곰곰이 생각해 보면 그들의 잘못이 아니다. 권위에 대한 순응은 권위를 행사하는 사람들의 횡포에 기인한 것이다.

혹시 내가 정치를 하게 되면 나도 그렇게 되는 것은 아닐까? 나에게 그런 권위주의에 대한 욕망은 없는 것일까?

정치권에 들어와서 이해가 안 되지만 이해할 수밖에 없는 구조 중 하나가 계파정치였다. 이른바 보스를 중심으로 단일 대오를 갖추는 정치. 이 또한 권위주의 정치라 할 수 있다. 보스 한 사람이 계파 소속 정치인들 위에 군림하면서 의사결정에 있어 독단을 행사하는 상명하달과 복종의 정치 문화가 계파정치다.

물론 계파정치가 우리 정치사에서 불가피했던 측면도 없지 않다. 한 사람의 강력한 리더가 빠르게 의사결정을 내리고 일사불란하게 그 결정을 따르는 것이 독재와 싸우는 과정에서 다분히 필요했던 것이다.

흔히 말하는 3김시대三金時代는 그런 시절이었다. 그러나 3김 모두 고이 영면에 드셨고, 독재시대는 마감한 지 장장 30여 년이 흘렀다. 그럼에도 여야를 막론하고 보스 같은 리더와 그를 중심으로 모여든 계파정치는 여전히 남아 있다.

어느 조직이든 리더는 꼭 필요하다. 더욱이 정당에서는 훌륭한 리더가 집권을 창출하는 가장 큰 원동력이기도 하다. 그러나 예전처럼 권위를 앞세운 리더십은 더 이상 통용되지 않는다. 겸손의 자세로 낮은 곳에서 올려다보는 '섬기는 리더십', '겸손의 리더십'이 필요하다.

리더는 말보다 행동이 우선해야 한다. 꼼꼼하게 현장을 챙기고 시민과 함께하는 동행의 자세를 보여야 한다.

현재 윤석열 대통령이 몸소 실천하고 계신 강압적이고 공포를 조성하는 권위는 반드시 후과가 있을 것이다. 올바른 권위, 정당한 권위는 리더가 먼저 솔선수범하고 직접 실천하며 앞장설 때 생긴다.

시대가 변해 예전과 달라졌다고는 하지만 당내 선거나 전당대회가 벌어지면 리더 중심의 계파정치는 무시하지 못할 힘을 발휘한다. 일소돼야 할 구태정치지만 쉽게 청산되지 않는 이유는 당내 민주화가 이뤄지지 않은 까닭이다. 원외 지역위원장은 물론이고 현역 국회의원들까지 공천에 목을 매지 않을 수 없다. 그리고 그 공천권에 막강한 위력을 행사하는 세력이 계파다. 그러다 보니 정치를 한다는 사람들은 힘 있는 유력정치인이 이끄는 계파에 몸을 담으려 한다.

말이 쉽지 계파 없는 정치는 프리랜서와 같다.

나는 과연 권력을 내려놓고 권위주의와 계파정치에 물들지 않는 새로운 정치를 하겠다는 초심을 유지할 수 있을까?

많은 정치인들이 화장실 들어갈 때와 나올 때가 다르다는 말을 듣는다. 출마할 때는 주민에게 깍듯하던 자세가 국회 입성과 동시에 180도로 바뀐다는 뜻이다. 그러다 선거철이 다가오면 다시 돌변하여 슬금슬금 다가온다. 모두 그런 것은 아니라고 말할지 모르지만 정치인을 바라보는 시민의 대동소이한 시각이다. 정치가 국민에게 신뢰받지 못하는 이유다.

정치인의 이러한 이중성은 민의를 대변하는 위임된 권력을 정치인 자신의 권위와 권력으로 착각하는 데서 비롯된다. 오로지 국민의 행복과 이익을 위해 헌신하고 봉사해야 하는 것이 본분임에도, 허울 좋은 권위에 빠져 똥인지 된장인지 가리는 분별력을 상실해 버린 것이다.

권력을 맛본 정치인은 국민에게서 위임받은 권력이 자기 것인 줄 안다. 마치 자기의 힘으로 이 거대한 권력을 쟁취한 줄 착각한다. 민의民意를 대변해야 하는 국회의원의 권위와 권력은 민의를 올바르게 국정에 반영하라고 국민이 믿고 맡겨준 것이다. 주권재민은 민주주의의 근본이며 국가운영의 본령이다.

이 지랄 맞은 현실 부적응의 고담준론은 대체 어디에서 연유한 것일까?

막스 베버는 정치인이 경계해야 할 가장 큰 적으로 허영심을 꼽았다. 허영심은 인간에게 내재된 보편적 심리상태의 일종이다. 막스 베버가 정치인의 허영심을 경계한 이유는 정치인이 행사하는 허영심이 일반인에 비해 엄청난 비극을 초래하기 때문이다. 허영심에 오염된 권력 행사는 국민은 물론이며 사회와 국가에 엄청난 피해를 끼친다.

허영심과 권력은 잘 들어맞는 한 쌍이다.

역사적으로 수많은 제국의 멸망 뒤에는 지도자의 허영심이 작용했다. 일본의 군국주의가 저지른 만행은 국가적 허영심의 결과이며 나치 히틀러의 어불성설 민족적 자긍심은 국가의 멸망은 물론 인류를 죽음의 바다로 만들었다.

청와대에서 지내는 동안 21대 총선의 시간이 다가오고 있었다.

며칠 밤을 새웠다면 과장이지만 쉽게 잠이 오지 않는 불면의 밤을 보냈다. 까무룩 잠이 들고 졸린 눈을 비비고 출근했다. 어느 날 출근길에 생각해 보니 나는 조금씩 출마의 말들을 쌓아가고 있었다. 이미 마음속에 결정을 내려두고 명분만 찾고 있었던 셈이다.

"누구나 동의할 수 있는 사회 시스템을 만들자.

성실하게 노력한 사람 누구나 공정하게 성과를 낼 수 있는 사회구조.

원하는 국민에게 더 많은 기회를 제공하고 더 많은 국민이 행복하게 살아가는 세상.

그리고 그런 세상을 실현하는 법을 만들자.

내가 할 수 있다고 자만하기보다 낮은 자세로 국민의 소리에 귀 기울이고 함께하는 정치를 실천하자."

부끄럽지만 정치 입문을 결심하면서 정리한 출마의 변이었다.

결심이 서자 조금도 망설이지 않고 출근과 동시에 사직하겠다는 보고를 올렸다. 그런데 아무도 놀라지 않았다. 다들 그러리라 짐작하고 있었던 것이다. 나만 빼고 모두가 다 내가 결단을 내릴 줄 알고 있었던 거다. 이런 점에서 나는 정말 미련퉁이다.

대통령님과 출마용 사진을 찍었다. 건투를 비는 뜨거운 악수에 왠지 가슴이 울컥했다.

마음속으로 꼭 승리하겠다고 굳게 다짐했는데, 개뿔! 선거란 그렇게 호락호락한 것이 아니었다. 지역으로 내려가 1년을 넘게 박박 바닥을 기었지만 결국 본선 벽보는 붙여보지도 못하고 경선에서 패배하고 말았다.

경선에서 떨어지고 난 후 지난 1년 동안 함께해 온 동지들에게 짧은 인사 글을 올렸다.

오랫동안 마음속에 품었던 새로운 정치개혁, 제도개혁에 대한 꿈은 잠시 미뤄둬야겠습니다. 제가 자란 고향 대전 중구를 제대로 발전시켜 보고 싶었습니다. 안타깝지만 제 뜨거운 열정과 고향에 대한 사랑은 끝나지 않았습니다. 돌이켜보면 많이 부족했습니다. 그럼에도 끝까지 함께해주신 동지 여러분께 진심으로 깊은 감사의 말씀을 드립니다. 여기까지 온 것도 모두 여러분 덕분입니다. 함께해 온 날들 잊지 않겠습니다. 감사합니다.

첫술에 배부를 수는 없지만 밥을 열 공기 먹어도 배만 나오지 속은 헛헛했다. 경선에서 낙선하고 충격이 작지는 않았지만 그렇다고 그리 오래가지도 않았다. 곰곰이 생각하니 국회의원 배지가 정치를 하는 유용한 수단이긴 하지만 국회의원 배지가 없다 해서 정치를 못할 것도 아니었다.

훌훌 털고 본업으로 돌아왔다. 그리고 내 법률지식을 찾는 곳은 여전히 많았다.

문재인 정부에 대한
역사적 평가

　문재인 정부 임기가 끝났다. 민주당은 대선에서 정권 재창출에 실패했고 윤석열 정부가 들어섰다. 문재인 정부 5년 동안 한국은 정말 많이 바뀌었지만 사람들은 그 변화를 피부로 절감하지 못했다. 어제가 오늘이 되고 현재가 쌓이면 미래가 되듯 더디고 느리지만 분명한 사실은 우리는 날로, 달로 새로워졌다.

　그 작은 변화가 쌓여 만들어진 발전의 크기는 우리의 생각과 느낌보다 훨씬 더 컸다. 문재인 정부 5년 중 2년 가까이 문재인 대통령을 모시고 검찰을 개혁하고 국정을 바로 잡는 일에 함께했다. 돌이켜 생각하면 문재인 정부 5년 동안 대한민국에서는 정말 수많은 일들이 일어났다.

　임기 시작과 함께 불어 닥친 한반도 핵 위기, 신고리 원전

폐기를 결정 짓기 위한 공론화, 갑작스럽게 수능을 연기해야 했던 포항 지진, 한겨울 칼바람 속에서 평화의 씨앗을 뿌렸던 평창올림픽, 한반도 전쟁의 철조망을 끊어 낸 남북정상회담과 민족의 동질성을 확인하고 종전을 선언했던 평양정상회담, 끝이 보이지 않던 코로나19와의 전쟁 그리고 조국의 광풍을 지난 검찰개혁……

아직도 내 귓가에는 서초동에서 파도처럼 일렁이던 촛불시민의 분노에 찬 목소리가 쟁쟁하다. 검찰개혁 안이 국회를 통과하는 역사를 지켜보며 가슴이 벅찼다.

촛불혁명으로 시작한 문재인 정부, 변화에 대한 국민의 요구는 뜨거웠고 변화를 거부하는 사람들의 저항도 격렬했다. 그리고 어쩌면 그 지난한 싸움에서 일순간 우리는 패배했는지도 모른다.

정치라는 것은 종국에 가면 내 편도 네 편도 없어야 한다. 사실 더 나은 역사를 만들기 위한 경쟁일지도 모른다.

우리는 대한민국이라는 이름 아래 모두 함께 걸어가야 한다. 그래서 더디고, 그래서 아프다. 그래도 그것이 발전이며 역사다. 역사의 중심은 사람이다. 사람들은 역사라는 이름으로 과거를 재단하고 해석하려고만 든다. 중요한 것은 현재이며 지금이 바로 역사다.

촛불시민이 명예로운 혁명으로 만들어 낸 '국민의 나라 정의로운 대한민국'의 초석을 다지는 일에 문재인 대통령을 보좌할 수 있었던 것은 내 인생에 가장 큰 행운이었으며 앞으로 지켜나갈 역사적 소명이다.

문재인 정부 5년, 국민 모두가 함께 잘사는 나라인 '혁신적 포용국가'를 향해 대통령의 뜻처럼 춘풍추상의 정신으로 한걸음 또 한걸음 뚜벅뚜벅 걸어왔다.

대한민국의 새로운 역사를 위해 그리고 촛불혁명을 이룩한 국민의 여망을 위해 다시 일어서야 한다. 문재인 정부가 남겨놓은 유산은 분명 새로운 역사의 시금석이 될 것이다.

문재인 대통령님, 존경합니다.

| 6부 |

민본정치를
위하여!

정치란
무엇인가?

많은 정치학자들이 정치에 대한 개념화를 시도하지만 대부분 이론으로 그치고 만다. 그 이유는 정치는 생물이라는 말처럼 현실 즉 현장을 떠나서는 설명할 수 없기 때문이다.

정치의 의미를 사전에서 찾아보면 '국가의 권력을 획득하고 유지하며 행사하는 활동으로, 국민들이 인간다운 삶을 영위하게 하고 상호 간의 이해를 조정하며, 사회 질서를 바로잡는 등의 역할을 한다.'고 되어 있다.

사전은 권력을 획득하는 방법도, 유지하는 비결도, 인간 상호 간의 이해를 조정하는 법도 설명하지 못한다. 동양사상사를 대표하는 공자의 말씀도 따지고 보면 정치이야기다. 좋은 정치를 하기 위한 군왕의 덕목을 설명하고 있기 때문이다.

비단 동양뿐 아니라 서양철학의 시작도 정치다. 그러고 보면 정치는 인간관계를 규정하는 가장 근본적 학문인지도 모르겠다.

그런 의미에서 내게 누군가 "정치가 무엇이라고 생각하느냐?"고 묻는다면, '정치가 아닌 것이 무엇인지' 묻고 싶다. 흔히 사람들은 정치를 통치의 기술 또는 나라를 다스리는 기술로 생각한다. 하지만 통치와 다스린다는 표현은 봉건적 시각이다.

봉건시대가 끝나고 민주공화국 시대를 살고 있지만 우리는 여전히 정치란 권력을 쥔 사람이 일방적으로 지시하고 명령하는 제도라는 사고에서 벗어나지 못하고 있다.

군주가 나라를 다스리던 왕조시대, 제왕적인 통치자가 권위주의적으로 권력을 행사하던 시대에 정치는 통치와 다스림이었다. 고래로부터 왕조시대에는 이른바 제왕학이라는 것이 있었다. 나라를 다스리는 군주가 되기 위해 갖추어야 할 다양한 능력과 자질을 익히는 일종의 정치교본이었다.

민주공화국은 세습권력이 아닌, 국민이 선거를 통해 선출한 공직자들이 국정 운영을 위임받는다. 현대 정치는 민주적인 절차와 법으로 정해진 방법에 따라 국민이 뜻을 표출하고, 그 뜻에 따라 국가가 운영된다. 민의를 모으는 방법으로 대표적인 것이 선거와 투표고, 선거에서 선출된 대통령과 지방자치단체장, 국회의원, 지방의회 의원 등이 국민을 대신하여 공무를 맡아 지자체 사무와 의회, 국회, 국정을 이끌어 나간다.

이와 더불어 정치라고 하면 떠오르는 것이 정치공학political technology이다.

정치공학이라는 말은 공학적 관점에서 정치의 기능을 체계화하여 실증적으로 연구하는 학문 방법을 뜻한다. 현실 정치에서는 권력을 획득하고 배분하며 운용하는 기술을 의미한다.

예컨대 '국익에 관한 사안에 대해 정치 공학적 접근'이라는 의미는 특정 정당이나 정파 또는 정치인 개인의 정치적 이익을 최대화하기 위해 이해득실을 계산하고 정치적 행보를 계획한다는 부정적 비판이 숨어 있다. 또한 선거에서 승리하기 위해 득표가능성을 면밀하게 계산, 예측하고 그에 맞게 정파끼리 손을 잡거나 헤어지는 따위를 두고 정치 공학적이라고 말한다.

정치 공학과 함께 따르는 대표적 언술이 '정치적 권모술수'다.

'권력을 획득하기 위해 수단과 방법을 가리지 않는다'고 할 때의 그 수단과 방법이 바로 권모술수다. 정치에 대한 부정적인 의미지만 한편으로는 필요악이기도 하다.

우린 흔히 '그 사람은 너무 정치적이다'라고 말할 때가 있는데, 대개의 경우 부정적인 평가다. 자신의 이익을 위해 이 눈치 저 눈치 보면서 좌고우면하고 뭔가 뒤에서 술수와 음모를

꾸밀 것 같은 사람에 대해 그런 말을 쓰곤 하니 말이다.

이처럼 정치는 부정적인 의미로 많이 쓰인다. 즉 정치인을 정론이 아닌 사술로 먹고사는 '정치기술자'로 보는 경우가 대부분이다.

선거에서 표를 많이 획득하는 기술에 능한 사람, 권력의 향방에 따라 처신을 잘하는 기술이 뛰어난 사람, 이른바 '정치적 승부수'를 적절한 시기에 던져서 이익을 도모하는 재주가 탁월한 사람. 이런 부류를 '뛰어난 정치기술자'라고 할 수 있을 것이다.

하지만 그런 사람이 과연 뛰어난 '정치인'일까?

정치에도 전문성이 필요하다. 의정 활동을 제대로 펼치려면 현실 정치에 대한 이해가 중요하다. 다양한 이해관계를 조정하고 협상을 통해 합의를 이끌어내는 노하우는 숙련된 경험이 바탕이 되어야 가능하다. 정부 정책과 행정의 문제점을 발견하고 대안을 제시하는 능력은 분명 전문 영역이다.

문제는 '정치기술자'는 전문성과 크게 상관없이 다만 정치적 이익을 확보하고 권력을 획득, 유지, 강화하는 데에만 관심을 기울인다는 것이다. 일관된 가치와 신념은 없고 정치적 이익과 권력만 추구한다. 그런 '정치기술자'에게는 가치도, 신념도, 정책도 모두 이익과 권력을 차지하기 위한 수단에 불과하다. 언제든 버릴 수 있고 떠날 수 있으며 돌변할 수 있다.

정치는 기술이 아니다. 그렇다면 도대체 무엇일까?

정치는 진실한 마음이다. 사람의 마음을 얻고 서로의 마음과 마음이 통하도록 하는 일이다. 뛰어난 '정치기술자'가 사람들의 마음을 얻는 '기술'을 구사할 수는 있겠지만, 결국 '정치기술'로 얻은 마음은 오래가지 못한다. 진심이 아닌 것은 언젠가는 드러나게 돼 있다.

기술의 효과는 금방이지만 진심이 통하기까지는 시간이 걸릴 수도 있다. 그러나 나는 확신한다. 더디 가더라도, 손해를 좀 보더라도, 진심으로 마음과 마음이 통하도록 노력하는 것이 진정한 정치다.

'강한 것이 옳은 것을 이긴다.'는 말은 현실 정치에서는 금언일지 몰라도 국민에게 이로운 말은 아니다. 나는 올바른 진심이야말로 진정 강하다고 믿고 있다. 옳은 것이 강한 것을 이긴다.

정치에 대한 국민 불신이 커졌다면, 그것은 '정치기술자'들에 대한 국민의 실망 때문이다. 진심을 다해 국민과 함께하며 마음과 마음이 통하도록 애쓰는 마음의 정치. 그런 정치가 이뤄지는 나라가 됐으면 좋겠다.

세상을 변호하는 것이
정치다

정권이 바뀌고 윤석열 정권은 점점 그악스러워졌다.

지방에 일이 있어 기차를 타고 내려가던 날이었다. 객차 안에서 문재인 정부 시절 청와대의 서훈 전 청와대 안보실장에 대한 구속영장이 발부되었다는 뉴스를 보게 됐다.

뉴스를 보면서 우린 너무 법에 중독된 것이 아닌가 하는 생각이 들었다. 법 테두리에 자신도 모르게 함몰되어 법이 규정하는 대로 자신의 생각을 버린 채 살아가고 있다.

이를테면 언론은 법원이 영장을 발부하면 그것이 마치 유죄인 양 시끄럽게 떠든다. 그런데, 엄연히 말해 구속영장 발부는 증거의 인멸 가능성, 도주 가능성, 범죄의 중대성이라는 구속요건에 맞추어 구속의 필요 여부에 대한 판단에 불과하고 유무죄의 판결이 아니다.

그럼에도 불구하고 영장이 발부되면 언론은 마치 유죄판결이라도 받은 것처럼 침소봉대한다.

혐의만으로 유죄가 되지 않는다. 혐의가 입증돼야 하며, 그 과정이 바로 재판이다. 입 아프지만 모든 피의자는 형이 확정되기 이전까지 무죄다!

개인적으로 우리 법원의 영장 발부 실무에 문제가 있다고 생각한다. 우선 구속 사유를 너무 간단하게 기재하고 있다는 점이 문제의 시발이다.

서훈 국가안보실장 구속영장의 경우에도 범죄의 중대성 및 피의자의 지위 및 관련자들의 관계에 비춰 증거인멸 우려가 있다고 간단하게만 기재하고 있다.

판결이나 결정의 이유를 구체적으로 기재하는 것은 사건 당사자 및 판결의 정당성에 의문을 갖는 사람들에게 매우 중요하다. 구속당사자 입장에서는 무슨 이유 때문에 구속되었는지를 명확히 알아야 재판을 제대로 준비할 수 있고 실질적인 방어권 행사가 가능하다.

따라서 어떤 이유로 증거인멸 가능성이 있다고 판단하는지, 어떤 이유로 도주가능성이 있다고 보는지 구속영장에서 그 근거를 정확히 설명해주는 것이 맞다. 그래야 구속 당사자가 수긍하든 이의절차를 밟는 데 활용하든 할 수 있다.

증거인멸의 가능성이 세세하고 객관적 사실에 부합해야 한다. 도주의 우려가 있다고 보는 검찰의 판단 근거가 명확해야 한다.

그런데 우리나라 법원 구속영장 발부 실태를 보면 영장 구속사유 체크란에 체크만 하거나 한 줄 또는 두세 줄로 구속사유를 간단히 적는 것이 끝이다. 즉 범죄의 중대성 및 증거인 멸 가능성이 있고 도주 가능성이 있다는 식으로 최대한 간단하게 이유를 언급하는 게 전부다.

그러다 보니 도대체 판사의 판단이 적합한 것인지 검증할 단서를 찾을 수가 없다. 지금처럼 구속 사유의 구체성이 떨어지는 구속영장 발부제도가 유지되면 구속적부심제도가 있다고 하더라도 최초 영장 발부의 정확한 근거를 확인하기 어렵다.

그 결과 변호사 입장에서도 훌륭하신 영장판사가 알아서 잘 판단했을 것이라고 믿을 수밖에 없다. 극단적으로 편협한 관점을 가진 영장판사라도 그 독단적 판단이나 권한 남용을 통제할 방법이 없는 것이다.

압수수색 영장 또한 문제가 많다. 불합리하고 불완전한 구속영장 그리고 발부 실무에 대한 전반적인 변화가 있어야 한다.

함께 뛰는
대한민국을 위하여

　가끔 TV에서 마라톤 중계방송을 볼 때면 힘들고 고독한 레이스를 펼치는 선수들의 땀 흘리는 모습에 깊은 감동을 받고, 존경심마저 든다.

　시작을 빠르게 치달리면서 선두권으로 나서는 선수가 있는가 하면, 중반까지는 비교적 처져 있다가 중반 이후 앞으로 내닫는 선수도 있다. 또 막판에 힘을 내어 극적으로 역전 우승하는 선수도 있다.

　인생도 마찬가지다. 인생이란 길고 긴 마라톤 경기와 비슷하다. 긴 삶을 살다보면 컨디션이 좋아서 빠르게 내달릴 때도 있고, 힘이 쭉 빠져 당장이라도 주저앉고만 싶을 때도 많다. 국가도 비슷하다. 한 국가의 역사를 보면 잘 나갈 때도 있고 그렇지 못할 때도 있다. 국가의 흥망성쇠 기운을 우린 흔히 국운

國運이라 말한다.

대한민국의 국운은 지금까지 상승일로를 걸어왔다. 한국전쟁의 폐허에서 아무것도 가진 것 없이 출발했다. 선진국이 보내준 구호물자에 의지해 겨우겨우 보릿고개를 넘겨가며 허리띠를 졸라매고 맨주먹으로 피땀 흘려야 했다.

근면 성실한 국민의 노력으로 대한민국은 세계 10위권의 경제성장과 민주화를 이룩했다. 2차 세계대전 이후 식민지에서 독립한 나라 중 유일하게 국민소득 3만 불을 넘긴 '세계사의 기적'을 이룩했다.

세계는 한국의 경제발전을 제2차 세계대전 이후 가장 모범적이고 놀라운 성공 사례라고 말한다. 한국인의 근면과 성실이 이루어 낸 결과다. 너나없이 우리 모두가 열심히 뛰었다.

그렇다면 앞으로의 국운은 어떨까?

국운은 예측하는 것이 아니라 국민 스스로 만들어 나가는 것이다. 질문을 이렇게 바꾸어 봐도 좋을 듯싶다. 앞으로 우리 국운을 어떻게 만들어 나갈 것인가? 나는 국운의 중심에 사람을 두어야 한다고 생각한다.

첫째, '사람을 먼저 생각하는 성장'이 중요하다.

무조건 빠르게 성장하는 게 좋은 시절은 지났다. 급속한 성장 속에서 미처 돌아보지 못한 곳, 그늘진 곳이 더 많아졌다. 이제는 성장의 뒤안길에 깊게 드리운 그늘을 세심하게 살펴야 한다.

빠른 성장이 아닌 '따뜻한 성장', 사람을 보듬어 함께 가는 '더불어 성장'이 필요한 시점이 왔다. 정치도 정략적 대결의 정치가 아니라 정책적 상생의 정치, 무엇보다도 민생을 보듬는 '따뜻한 정치'가 필요한 시점이다.

둘째, 물질적인 성장 못지않게 정신적인 성숙을 중시해야 한다.

무조건 남들과 경쟁해서 이겨야 하고, 이긴 사람이 모든 걸 차지하는 승자독식 게임의 룰을 바꿔야 한다. 성과가 중요한 만큼 과정과 절차도 중히 여겨야 한다. 이제 '모로 가도 서울만 가면 된다'는 말은 폐기해야 한다.

'모로 가도'가 아니라 '제대로 올바르게 가야'한다. '하면 된다'라는 정신도 중요하지만 이제는 '하더라도 제대로 올바르게 해야' 한다. 자본의 차가움 속에 고립된 사람을 따뜻하게 품어주는 사회, 배려하고 존중하는 온기가 있는 사회를 만들어야 한다.

셋째, 민생民生에 최대의 역점을 두는 정부와 정치가 중요하다.

성장의 과실이 윗목까지 골고루 퍼지도록 하는 것이 중요하다는 뜻이다. 성장만능 시대는 끝났다. 함께 잘사는 성장이 필요하다. 윗목까지 골고루 따뜻해지는 대한민국을 만들려면 정부와 정치가 지금보다 훨씬 더 민생에 집중해야 한다. 책상 머리에서 정책을 만들 것이 아니라 국민 삶의 현장에서 문제를 파악하고 대안을 찾고 정책을 마련하는 것이 절실하다.

넷째, 교육과 복지를 더 강화시켜야 한다.

어린이, 장애인, 노인, 서민 등 취약계층을 위한 정책 강화는 결코 시혜가 아니다. 어린이는 미래의 가치이며 초고령 사회에서 노인의 생산성은 함께 사는 경제의 밑받침이 돼야 한다. 취약계층 없는 균등한 사회는 성장 동력의 기반이다.

교육의 양극화는 빈곤이 대물림되는 악순환의 창구다. 교육에 대한 투자는 복지이자 새로운 대한민국을 만드는 인력을 양성하는 일이다. 교육이야말로 '일하는 복지', '생산적 복지'의 바탕이 될 수 있다.

지난 세월 우리는 앞선 나라들을 따라잡기 위해 숨이 턱에 닿도록 부지런히 뛰었다. 학생들은 열심히 공부했고, 공무원들은 불철주야 헌신했으며, 노동자는 휴일도 잊은 채 부지런히 일했다. 스스로를 자랑스러워해도 좋을 만큼 위대하고 자랑스러운 대한민국 국민들이다.

세계는 지금 대격변의 시기에 도입했다. 4차 산업혁명으로 인한 디지털세계로의 급속한 전환, 미·중 양강구도가 만든 패권적 세계질서, 기후변화로 인한 환경·경제적 변화, 미·중·일 갈등구조로 인한 한반도 위기, 언제 되풀이 될지 모르는 팬데

믹 공포……. 우리는 이 극한의 여건을 헤치고 미래를 향해 나아가야 한다.

분발하지 않으면, 변화하지 않으면 제자리에 머무는 것이 아니라 순식간에 뒤처질 수 있다. 이제부터가 더욱 중요하다.

혁명적 변화가 필요한 시점에서 대통령 전기 작가 네이선 밀러는 《이런 대통령 뽑지 맙시다》라는 책에서 좋은 대통령의 특성과 조건을 다음과 같이 제시한다.

열려 있는 실용주의, 자신감 있는 성격, 미래에 대한 비전, 조화와 협력을 이끌어내는 정치력, 정직과 성실, 국민의 의견을 수렴하고 정책에 반영하는 능력. 이러한 특성에서 최고의 대통령은 유일무이한 4선 대통령인 제32대 프랭클린 D. 루스벨트(1882~1945) 대통령이라고 한다.

루스벨트 대통령은 미국경제재건의 과제를 '소수특권을 없애고 분배를 공정하게' 하는 것에서 찾았다. 1930년대 미국 경제의 몰락에 세 가지 방안을 제시했다.

첫째, 소수의 강력한 힘에 장악된 경제·사회의 구조적 특권을 없앤다.

둘째, 범죄·독직瀆職·부패와 싸우고 도덕적 가치관을 함양한다.

셋째, 소수가 여러 세대에 걸쳐 부를 축적하는 현실에서 폭넓은 분배로 전환한다.

이를 위한 구체적인 정책으로 국민 최저생활 보호 정책을 채택했다. 특히 소형 주택 소유자 보호 정책에 힘썼다. 루스벨트 대통령은 상대적으로 높은 소득 수준이 통용되던 시기에 주택을 담보로 차용한 원금 및 과도한 이자 부담으로부터 주민을 보호하고 구제하는 법률을 제정했다. 루스벨트는 미국 국민에게 이렇게 말했다.

"현재의 경제난이 지속되는 동안 불평등한 변제로부터 주택소유자들을 보호하는 것은 국가의 적절한 배려입니다."

이와 함께 정부 정책에서 '불합리한 것들을 추방하라'는 것을 신조로 삼았다. 돈을 쓰기 위한 공공사업은 없어져야 한다는 것이다.

루스벨트가 단행한 뉴딜정책은 "대단한 경제학적 기획이라기보다는, 불필요한 지출을 줄이고 불합리한 것들을 추방하는 지극히 '상식적인 이성'의 산물"이었다.

경제에 대한 판단과 관점도 남달랐다. 국민의 구매력을 증대시키는 것이 매우 중요하다고 판단했다. 노동자의 임금 상승에 대해 이렇게 국민을 설득했다.

"임금 상승이 원가 상승을 초래한다는 것을 잘 알고 있습니다. 그러나 저는 대중의 구매력 증대에 힘입은 판매량 증가, 그로 인한 조업 향상을 우선적으로 고려해줄 것을 요청합니다. 그것이야말로 훌륭한 경제이며, 훌륭한 경제활동입니다."

루스벨트 대통령은 미국 역사에서 최고의 황금기를 이루었다. 이후 함께 잘사는 나라가 무너져 가면서 미국은 갈수록 후퇴하고 있다.

미국뿐 아니라 위기를 딛고 국운을 상승시킨 독일에도 위대한 지도자는 있었다.

독일의 콘라트 아데나워 총리(1876~1967)는 전후戰後 피폐한 제로 상태의 독일경제와 사회를 재건하여 '라인강의 기적'을 이끈 총리로 평가받는다. 보수 이념의 신봉자이면서도 '함께하는 사회'의 국정철학을 관철시킨 것으로도 유명하다.

독일공영방송에서 '역사상 가장 훌륭한 인물이 누구냐?'는 설문조사 결과, 1위 아데나워, 2위 종교개혁가 마르틴 루터, 3위 동방정책의 빌리브란트 전 총리 등으로 나타났다.

아데나워의 국정 철학이자 주요 업적은 '모두를 위한 경제, 함께하는 사회'로 요약할 수 있다. 재임 14년 동안 9백만 개의 일자리를 창출하고 노동자의 경영 참여를 확립시킴으로써 '모두를 위한 경제'를 실천했다. 패전의 잿더미에서 국민 모두를 위한 복지시스템을 구축하여 경제민주화의 초석을 다지고, 저소득층을 위한 사회주택의 절반인 6백만 호 주택 건설을 이끌어 '함께하는 사회'를 앞당겼다.

아데나워 리더십의 핵심은 이른바 콘트래리언Contrarian 리더십이라고 할 수 있다. 이른바 포퓰리즘·표票퓰리즘과 반대되는 노선이다. 예컨대 성급한 동서독 통일 추진보다는 경제 재건으로 국력 회복과 외교력 강화에 역점을 두었다. 이러한 정책 방향은 결과적으로 독일 통일의 든든한 밑거름이 되었다.

또한 재군비^{再軍備} 추진에 대한 국내외 반발을 극복하고 군비강화를 결행하였다. 당시 내무장관 구스타프 하이네만은 아데나워의 정책에 반대하면서 "신은 우리 손에서 두 번이나 칼을 거두었다. 세 번째 칼을 들 수는 없다."는 말을 남기고 사임하였다.

아데나워는 이에 대해 "신은 우리에게 생각하라고 두뇌를 주고, 행동하라고 손을 주었다."고 반박했다.

아데나워의 리더십은 미래 지향적 리더십이었다.

당장의 인기에 영합하지 않는, 이른바 '참된 정치인'^{statesman}의 리더십이기도 했다. 때론 격한 반대 의견에 부딪히면서도 국가의 미래를 위해서는 양보하지 않았다.

"정치꾼^{Politician}은 다음 선거를 생각하고 정치인^{Statesman}은 다음 세대를 생각한다."는 미국 신학자 제임스 클라크의 말에 부합하는 리더십이었다.

루스벨트와 아데나워는 각각 미국과 독일의 큰 위기와 기로의 시기에 변혁적 개혁과 미래를 내다보는 리더십으로 새로운 발전의 계기와 토대를 마련한 지도자다.

급속하게 변화하는 세계 질서 속에서 대한민국의 혁신과

미래 비전을 세워 실현해 나아가는 데 루스벨트와 아데나워의 리더십은 충분히 참고할 만한 가치가 있다.

법찢남 :

법전을 찢고 나온 남자

    다수의 피해자를 모집하여 소송을 진행하는 방법에는 집단소송과 공동소송이 있다.

    집단소송은 기업제품이나 서비스의 하자로 유사한 피해를 본 사람이 여럿 있을 때 일부 피해자가 피해자 전체를 대표하여 진행하는 소송으로 집단소송을 규율하고 있는 법률이 있을 때 가능하다. 쉽게 말하면 같은 이해관계를 가진 사람들이 집단으로 소송하는 것이다. 주로 피해액수가 소액이지만 피해자의 수가 많은 경우 활용된다. 한 명이나 두세 명의 대표당사자가 전체 피해자를 대표해 소송을 제기한다고 해서 집단소송을 '대표당사자 소송'이라고도 한다.

    이에 반해 공동소송은 다수당사자소송이라고도 하는데 원고나 피고가 직접 소송 당사자가 되어 공동으로 진행하는 소송이다.

　필자는 사법시험을 준비할 때부터 집단소송에 대한 관심이 많았다. 법을 공부하면서 소수 약자를 대변하기 위해서는 집단소송이 꼭 필요하다는 생각을 하게 됐다. 현대사회에 이를수록 집단의 피해가 증가하는데 개인이 국가나 기업에 대항해 소송을 제기하기란 정말 쉬운 일이 아니다. 현실적으로 힘이 없는 개인은 대기업의 횡포에 대응할 수가 없다.

　나는 집단소송을 통해 대기업의 불합리한 관행에 제동을 걸고 피해 당사자들을 구제함과 동시에 불합리한 제도를 개선시킬 수 있다고 생각했다. 그런데 집단소송은 다른 분야에 비해 활성화되어 있지 않았다.

　집단소송에서 대부분의 피해자는 힘없는 개인들이다. 그에 반해 상대는 권력을 가진 국가나 거대 자본을 가진 대기업 등이다. 개인의 입장에서 볼 때 법의 형평성이 제대로 작동되지 않고 있었다. 변호사가 되면 집단소송 전문 변호사로 일해 볼 생각도 했었다.

　고시에 합격하고 사법연수원에 입소한 후, 동기들과 함께 사법연수원 사상 최초로 집단소송법 학회를 창립하고 임원으로 활동했다. 사법연수원 시보 시절에는 증권집단소송 전문 로펌으로 유명한 굴지의 로펌에서 실무수습을 거쳤다.

　변호사 개업을 하고 증권집단소송이나 은행 개인정보 침

해 등 집단적 피해 사건이 발생할 때 피해자들을 모아 공동소송을 진행해보고 싶었지만 생각처럼 기회가 오지 않았다. 가장 큰 이유는 공동소송을 진행하려면 소송인단을 최소 몇 백 명에서 많게는 몇 천 명까지 모집해야 했는데, 인원을 모으기도 쉽지 않은 데다 그렇게 큰 사건을 맡기에는 현실적으로 어려움이 있었기 때문이다.

다수의 피해자를 구제하는 소송이 원활하게 진행되기 위해서는 집단소송법의 제·개정이 필요했다. 집단소송이 이뤄지면 훨씬 효과적으로 피해자 구제가 가능하기 때문이다. 판결의 효과는 피해자 전체에 영향을 미쳐 사회적으로 큰 이슈가 되기도 한다. 손해배상 규모가 천문학적인 액수에 달할 수도 있다. 기업의 입장에서 보면 엄청난 배상에 직면해야 하며, 소송 결과에 따르는 이미지 손상도 매우 크다.

한국의 경우에는 소액주주의 권익보호를 위해 증권분야에만 정식 도입됐다. 2005년 처음 자산 규모 2조 원 이상 기업으로 시작하여 2007년 2조 원 미만으로 확대 시행됐다.

기업의 주가조작, 허위공시, 분식회계 등으로 피해를 입은 경우에는 소액주주 한 명이 해당 기업을 상대로 소송을 제기해 승소하면 같은 피해당사자는 소송 없이 보상받을 수도 있다. 다만 소송요건으로 주주 50명 이상이 해당 기업이 발행한 유가증권 총수의 1만분의 1 이상을 보유해야 한다.

청와대에 근무하면서 집단소송과 관련하여 법무부, 산자부 등 각 부처와 협의하며 집단 소송법 개정안 작업을 하였다. 기존에 증권분야의 불법행위에만 적용되고 있는 집단소송법의 적용 범위를 확대하고 모든 형태의 손해배상청구 소송으로 확장(제조물책임법, 공정거래법, 개인정보법, 신용정보법, 표시광고법 등)하는 것이 필요하다고 판단했다.

법무부가 정부를 대표해 집단소송법 개정안을 국회에 제출했는데, 피해자 50명 이상이 불법행위를 저지른 기업을 상대로 손해배상을 청구해 승소하면 나머지 피해자들도 똑같이 배상을 받는 내용을 포함하고 있었다. 또한 소비자의 입증 책임 부담을 줄여주고 사회적 의견이 반영될 수 있도록 국민참여재판을 적용하기로 했다.

지금까지 가습기 살균제 사건과 디젤차 배기가스 조작 사건 등 소비자 피해가 광범위한 대형 사건이 터질 때마다 법의 불비로 인해 그 손해와 고통은 국민의 몫이었다.

하지만 법안을 상정하려고 하면 대기업을 중심으로 한 세력이 소송남발은 기업 경영 활동을 위축시킬 수 있다고 극렬하게 반대했다. 개정안이 발의될 때마다 보수정당의 반대와 언론의 거들기로 번번이 입법이 무산됐다.

대기업과 보수정당의 전향적인 태도 변화가 필요하다. 개인들이 비용과 시간을 들여가며 거대자본에 맞서 소송을 제기하는 일은 현실적으로 가능하지 않다. 보수정당 역시 국민의 피해 구제와 기업의 준법경영을 유도하는 일에 적극 나서야 한다. 집단소송법 개정은 실제 박근혜 대통령의 공약사업이기도 했다.

정부 입법 개정안은 결국 국회에서 계류하다 폐기되고 말았다. 이후 민주당 몇몇 의원실에서 새로운 집단소송법 개정안을 발의했지만 아직 국회에 계류 중인 것으로 알고 있다. 실제 민주당 모 의원실에서 제정안을 준비한다고 해서 법안 자문을 해주기도 했다.

법을 개정하고 만드는 일은 국회에서 하는 일이라 현실적으로 내가 할 일은 별로 없었다. 아무튼 꼭 집단소송법을 개정하는 데 참여하고 실제 법이 통과되면 피해 받는 다수 약자를 위해 일해야겠다는 생각을 가슴에 품고 있었다.

그런데 불감청고소원不敢請固所願이라고 했던가? 뜻하지 않게 집단소송, 아니 정확하게 말하자면 공동소송을 맡게 됐다. 그 계기는 이렇다.

나는 인터넷 포털 등을 통한 온라인 무료상담변론을 종종 진행했다. 법은 멀고 돈은 없는 소시민에게 온라인이나 전화로 무료법률상담을 해주는 일이었다. 내가 가진 법률지식을 나누는 일이라 생각해서 보람을 느끼며 일했다. 무료변론 이용자 대부분은 정말로 돈이 없는 소시민들이다.

어느 날 저녁식사 자리에서 전화를 한 통 받았다.

대학교를 졸업하고 유치원 교사로 일하고 있는 20대 여성 청년이었다. 한참 동안 하소연을 들어줬다. 내용인즉슨 임대차 계약에 관한 문제였는데, 임대인에게 100만 원을 돌려받지 못하고 있었다. 복잡한 사연이었지만 하도 간곡하고 애절해서 모르는 척하기 어려웠다. 이런 경우 민사소송을 해도 소송하는 데 비용과 시간이 오래 걸린다.

이제 사회에 첫 출발한 20대 청년에게 100만 원은 결코 작은 돈이 아니었다. 울먹거리는 의뢰인을 다독이고 일단 임대인의 연락처를 받았다.

소송까지 가지 않고 일을 해결할 수 있으면 가장 좋은 변호사다. 변호사로 활동하면서 피고와 원고의 합의를 이끌어낸 경우가 왕왕 있었다.

임대인에게 전화를 걸었다. 대개의 경우 변호사가 전화를 하면 상대가 부담스러워한다. 소송에 휘말리기 좋아하는 사람은 없기 때문이다. 임대인은 100만 원을 돌려주지 않는 이유를 내세웠다. 임대인의 말을 듣고 보니 100만 원을 돌려주지 않는 그럴 만한 이유가 또 있었다. 오히려 임대인의 하소연을 한 시간이 넘도록 들었다.

양측의 입장을 다 들었으니 중재만 남았다. 소송을 진행하면 서로가 복잡하고 시간도 비용도 들어가기 마련이니 적당한 선에서 협상을 제안했다. 100만 원을 다 돌려주는 것은 억울한 측면도 없지 않아 보여 서로 양보해 50만 원을 돌려주는 것으로 합의를 봤다. 양측 입장을 들어 보니 일방적으로 의뢰인의 입장만 관철시키기 어려워 보였기 때문이다.

의외로 임대인이 선선히 합의를 받아들였다. 막 전화를 끊으려는데 갑자기 임대인이 나를 잡고 늘어졌다.

"저기, 변호사님. 제가 정말 억울한 사연이 있는데요. 좀 도와주시면 안 되겠습니까?"

어라, 혹 떼려다 혹 붙일 판이었다. 이제 임대인이 아닌 의뢰인이 되어버린 남자의 하소연을 듣다 보니 피해액도 크고 심각한 사안이었다. 임대인이 들려준 이야기는 바로 '아쉬세븐' 사건이었다.

아쉬세븐 사건은 사건의 피해액만 1조 2000억 원대, 피해인원 8,000명의 투자사기 사건이다. 2006년 한국 사회를 떠들썩하게 했던 단군 이래 최대 사기로 불린 '제이유 사건'에 가담한 관련자들이 또다시 문제를 일으켰다고 하였다.

제이유그룹은 1999년 주수도 전 회장이 창업한 다단계 업체다. 2003년부터 회사의 물건을 사서 에이전트가 되고 또다시 끌어들인 구매자에게 물건은 물론 물건 값의 1.5배를 지급해주겠다고 속인 대표적 폰지형 금융사기였다. 2조 1000억 원 규모의 피해가 발생했으며, 주범은 징역 12년형을 선고받았다.

아쉬세븐은 화장품 회사로 시작해 2015년 7월부터 2021년 8월까지 투자자 8,000여 명을 상대로 1조 2000억 원에 달하는 투자금 피해를 일으켰다. 사기 수법은 4개월 동안 투자금의 5%를 이자로 지급하고 5개월이 되는 달에 투자원금을 돌려주겠다며 투자자들을 속였다.

그러나 아쉬세븐은 화장품을 제조·판매할 능력이 없었다. 신규 투자자의 투자금을 이용하여 기존 투자자에게 지급하는 전형적인 폰지 사기였다. 이후 신규 투자자의 모집이 끊기자 경영난을 이유로 원금 지급을 중단했다.

전화로 이야기를 듣다 보니 사건에 관심이 갔다. 임대인이 알려준 피해자 모임 카카오톡 단톡방에 들어가 피해 현황을 모니터링하기로 했다. 피해자들의 억울함과 하소연이 밤새도록 이어졌다. 직접 피해자들의 이야기를 들어 보니 내내 분노가 치밀었다. 대부분의 피해자들이 일확천금에 눈이 먼 사람들이 아니라 퇴직한 노인이나 시골에서 농사를 짓고 사는 세상 물정에 어두운 분들이었다. 피해액도 기천만 원으로 시작해 억대 단위까지 다양했다. 온 가족의 돈 8억 원을 투자한 피해자가 가족과 부둥켜안고 펑펑 울었다고 하였다.

나는 기꺼이 민형사 사건을 맡기로 했다. 피해 당사자들의 사연이 너무 가슴 아팠고, 이대로 방치하면 법적인 보호를 받을 수 없겠다는 생각이 들었다. 죄를 지은 사람은 벌을 받고 피해자는 구제받아야 한다. 그것이 법이 존재하는 이유다. 그리고 난 그런 피해자를 돕는 변호인이 아닌가?

피해자들이 피해를 회복할 수 있는 방법은 법적 대응이 유일했다. 이미 투자금 반환을 멈춘 상태에서 원금을 받아낼 수 있는 강제력은 법을 통하지 않고서는 불가능했다. 현실적으로 완전한 피해 회복은 어렵더라도 일부라도 회복할 수 있는 유일한 방법이었다.

하지만 대규모 공동소송은 생각만큼 쉬운 일이 아니다. 피해자에게 일일이 대응 전략을 설명하고 필요한 서류를 받는 과정에만 많은 시간이 소요됐다. 나이도 많고 서류 작성에 익숙하지 않은 피해자들이 많아 증거자료를 일일이 받는 것이 매우 힘들었다.

공익적 관점에서 진행한 사건이라 수임료를 아주 저렴하게 책정했는데도 가족의 전 재산을 모두 사기당해 소액의 수임료도 납부할 능력이 없는 분들이 많았다. 삶의 벼랑 끝에 매달려 도와달라고 눈물로 읍소했다. 평생 한 푼 두 푼 힘들게 모아 온 노후자금이었으며, 자식들의 학자금과 결혼 자금이었다.

거의 한 달 넘게 그 많은 피해자를 일일이 면담하고 통화하면서 상담을 진행했다. 아쉬세븐 사건으로 사무실 업무가 마비될 지경이었다. 피해자들을 만날수록 반드시 법의 심판을 통해 피해를 보상해줘야겠다는 사명감이 들었다.

가해자인 아쉬세븐 측은 피해 회복 방안에 진정성 없는 태도로 일관했다. 피해액을 돌려주려는 노력은 보이지 않고 구체적인 상환 계획이나 일시, 금액 역시 제시하지 않고 두루뭉술한 대답만 늘어놨다.

일단 사건을 이슈화시키는 일부터 시작했다. 사회적 이슈로 떠올라야 재판 진행에 속도가 붙기 때문이다. 언론인터뷰를 조율하고 피해 상황부터 알렸다.

결국 주범 엄 아무개 회장은 징역 20년에 처해지는 등 엄벌이 선고되었고, 대법원판결로 확정되었다. 이제 남은 것은 손해배상을 위한 민사소송이다. 민사소송은 당사자와 증거서류가 많은 관계로 아직도 1심이 진행 중이다. 피해자들의 심정적 고통을 충분히 이해한다. 그러나 재판은 생각보다 길고 오래 걸린다. 피해자들의 눈물을 가슴에 담고 마지막까지 최선을 다할 것이다.

대한민국의 꿈은
무엇인가?

나에게는 꿈이 있습니다.

언젠가 이 나라가 모든 인간은 평등하게 태어났다는 것을 자명한 진실로 받아들이고, 그 진정한 의미를 신조로 하여 살아가게 되는 날이 오리라는 꿈입니다. 나에게는 꿈이 있습니다. 조지아 주의 붉은 언덕에서 노예들의 후손들과 노예 주인들의 후손들이 형제처럼 손을 맞잡고 나란히 앉게 되는 꿈입니다.

나에게는 꿈이 있습니다. 이글거리는 불의와 억압이 존재하는 미시시피 주가 자유와 정의의 오아시스가 되는 꿈입니다. 나에게는 꿈이 있습니다. 내 아이들이 피부색을 기준으로 사람을 평가하지 않고, 인격을 기준으로 사람을 평가하는 나라에서 사는 꿈입니다.

너무나 유명한 미국의 인권운동가 마틴 루터 킹 목사의 연설 중 일부분이다.

 미국 역사에서 가장 중요한 연설 중 하나로 손꼽히는 이 연설은, 비단 미국뿐 아니라 전 세계인의 심금을 울렸다. 비록 킹 목사가 꿈꾸던 나라가 아직 실현되진 못했다 하더라도, 그 꿈은 미국을 넘어 다름으로 차별받는 모든 곳에 울려 퍼져야 한다.

 역사를 돌이켜 보면 개인뿐 아니라 공동체도, 국가나 민족도 늘 꿈을 꾼다.

 미국의 이른바 '아메리칸 드림'은 지난 두 세기 동안 미국을 세계 유일의 초강대국으로 성장시킨 꿈이었다. 최근 많이 퇴색되기는 했지만, 영국으로부터 독립을 쟁취한 이후 자유와 기회의 땅, 민주주의가 살아 숨 쉬는 땅이라는 미국의 꿈은 전 세계로부터 수많은 이민자를 불러들였다. 꿈을 간직한 이민자들이 인종과 문화의 용광로 속에서 미국을 발전시켰다.

 중국의 시진핑 주석도 주요 연설 때마다 이른바 중국몽中國夢을 이야기한다. 경제, 군사, 외교, 문화 등 모든 분야에서 세계적인 강대국을 이루겠다는 패기에 찬 중국의 꿈이다. 미국의 '아메리칸 드림'에 이어 중국몽中國夢이 세계인들을 매료시킬 꿈으로 실현될지 귀추가 주목된다.

 대한민국이 6.25전쟁의 참화를 딛고 초토화된 허허벌판에서 오늘의 번영을 이뤄낸 것도 꿈이 있었기 때문이다. 우리는 지난 반세기 동안 세계에서 가장 열심히 공부하고, 세계에서 가장 부지런히 일했으며, 세계에서 가장 잠을 적게 잤다. 국민 한 사람 한 사람 모두가 그랬다. 우리 국민 모두가 각자의 소중한 꿈이 있었기에 가능한 일이었다.

꿈을 다른 말로 하면 비전^{vision}이 될 것이다. 한국에서 정부 차원의 국가 비전이 만들어진 것은 김영삼 대통령의 문민정부 때였다. 그 표제어는 '신한국 창조'였다.

문민정부는 부정부패와 부조리를 일소하는 '변화와 개혁'을 국정운영 기조로 삼았다. 신한국 창조의 3대 실천과제로 부정부패 척결, 경제회생, 국가기강확립이 제시됐다. 김영삼 정부는 이를 바탕으로 군대의 사조직 하나회 해체, 금융실명제 실시, 공직자 재산공개, 지방자치단체장 주민투표 선출, 광주 민주화운동 재평가, 두 전직 대통령 형사 처벌 등 민주주의를 위한 개혁을 이루었다. 문민정부는 세계화와 정보화라는 큰 흐름에 주목한 첫정부이기도 했다. 이에 따라 경제협력개발기구 OECD에 가입하고 세계화추진위원회를 설치했다.

김대중 대통령의 '국민의 정부' 비전은 '민주주의와 시장경제의 병행발전'이었다. 기간산업, 금융, 노동, 공공 등 4대 부문 개혁작업을 추진하고, IMF 등 국제기구의 권고를 수용하여 대폭적인 대외시장개방과 자유로운 시장경제를 도모했다. 그 과정에서 조직과 인력의 대규모 구조조정도 이루어졌다.

국민의 정부는 소외된 지역과 계층에 대한 투자와 지원을 확대하고, 대북한 지원과 협력을 강화했다. 국가와 사회 주도 세력의 교체를 내건 제2건국운동으로 사회 전반적인 인적 쇄신도 시도했다. 벤처기업과 중소기업 성장 정책을 확대했고, 구조조정에 따른 후속복지정책도 확대했다.

노무현 정부는 대중민주주의 확대 흐름 속에 탄생하면서 정부의 이름도 참여정부로 정했다. '국민과 함께하는 민주주의, 더불어 사는 균형발전 사회, 평화와 번영의 동북아 시대'를 3대 국정 목표로 제시했다. 참여정부는 대의민주주의의 한계를 지적하면서 시민이 직접 정치와 정책에 참여할 수 있도록 인터넷을 활용한 다양한 제도를 처음으로 시행했다. 사회 통합을 위하여 복지에 대한 정부 지출도 확대하였다.

김대중 정부가 실질적인 평화적 정권교체를 처음으로 이뤄냈다면, 노무현 정부는 주권자인 국민이 진정한 주인이 되어 참여하는 나라를 이루는 데 역점을 두었다. 특히 낡은 권위주의를 청산하고 특권을 내려놓기 위해 노력하였다.

반칙으로 권력과 부를 쌓는 고질적인 적폐에 대해서도 노무현 정부는 좌시하지 않았다. 참여정부의 과에 대해서 다양한 평가가 있을 수 있지만, 많은 국민은 국민이 주인으로 참여하는 진정한 민주주의를 실감할 수 있었다.

이명박 정부는 선진일류국가를 비전으로 삼고 '잘사는 국민, 따뜻한 사회, 강한 나라'를 목표로 설정하였다. 구체적 실천 방안으로 '섬기는 정부, 활기찬 시장경제, 인재대국, 능동적 복지, 성숙한 세계국가'를 5대 국정 지표로 내세웠다.

촛불혁명으로 일찍 막을 내린 박근혜 정부는 '희망의 새 시대'를 표방하고 '경제부흥, 국민행복, 문화융성, 평화통일 기반구축' 등을 국정기조로 앞세웠다.

국정농단에 대한 분노와 민주주의 회복을 위한 촛불혁명으로 탄생한 문재인 정부는 '국민의 나라, 정의로운 대한민국'을 천명했다. 국정지표로는 '국민이 주인인 정부, 더불어 잘사는 경제, 내 삶을 책임지는 국가, 고르게 발전하는 지역, 평화와 번영의 한반도'를 국정지표로 삼았다.

각 정부의 비전과 국정목표는 모두 원대한 꿈을 싣고 있다. 그 꿈이 얼마나 잘 실현되었는지는 역사가 평가할 것이다.

지금 우리는 어떤 꿈을 꾸고 있는가? 어떤 꿈을 꾸어야 하는가?

시대정신을 실현해야 하는 대한민국의 꿈은 무엇인가? 그리고 그 꿈을 향해 나아가고 있는가? 혼자 꾸는 꿈은 미약하다. 모든 사람이 함께하는 꿈은 힘이 세다.

노력으로 꿈을 이룰 수 없는 청년. 현실을 지켜내기도 힘든 장년, 외롭고 초라한 노년. 현실의 꿈은 너무 각박하기만

하다.

꿈꿀 권리.

지금 우리에겐 국민 모두가 편안하고 자유롭게 꿈꿀 수 있는 권리마저 사치스럽다.

민본^{民本}의
가치가 뜻하는 것은?

오늘날 제도적 민주주의의 뿌리는 근대 서양에서 비롯되었다. 인간이 원래 자유롭고 평등하게 태어났다는 천부인권 개념, 권력이 국민으로부터 나온다는 주권재민^{主權在民} 사상 등이 모두 서양의 근대사상에서 기인하고 있다. 그 밖에도 압제에 대한 저항권, 언론과 사상의 자유 등도 마찬가지다.

동아시아에는 민주주의의 전통이 없었을까?

근대 서양과는 맥락이 많이 다르지만 동아시아에도 민주주의의 전통과 사상이 있었다. 대표적 학자로 중국의 맹자^{孟子}를 들 수 있다. 맹자는 "백성이 가장 귀중하고, 사직이 그 다음이며, 군주는 가장 가벼운 존재"라고 말했다. 봉건왕조 시대임을 감안하면 경천동지할 생각이었다.

한 걸음 더 나아가 맹자는 "백성의 마음을 얻어야 천자^{天子}

가 될 수 있다."고 일갈했다. "제사 지내는 것을 비롯하여 인간이 할 수 있는 모든 노력을 다 기울였는데도 가뭄이 잦아들지 않고 홍수가 끊이지 않으면 국가도 갈아 치운다."라고까지 말하였다. 맹자는 가히 혁명사상가라 할 만하다.

제나라 선왕이 맹자에게 이렇게 물었다.

"상나라의 탕 임금이 하나라의 걸을 쫓아내고, 주나라 무왕이 상나라의 주를 정벌했다는데, 그런 일이 있었습니까?"

상나라는 하나라의, 주나라는 상나라의 신하국가였다. 그런데 신하국가가 주군主君이라고 할 수 있는 나라를 정복한 것이다. 그런 일이 가당한가, 그래도 되는가 하는 질문을 돌려서 물어본 것이다.

맹자는 이에 대해 "그렇게 전하여집니다."라고 간결하게 답했다. 그러자 선왕이 이번에는 단도직입적으로 물었다.

"신하된 자가 자기 임금을 살해해도 괜찮은 겁니까?"

맹자는 이렇게 답했다.

"인仁을 해치는 자를 흉포하다 하고 의義를 해치는 자를 잔학하다 합니다. 흉포하고 잔학한 인간은 한 평민에 지나지 않기에, 한 평민인 주를 죽였다는 말은 들었어도 임금을 살해했다는 말은 듣지 못했습니다."

맹자의 이런 대답을 들은 제나라 선왕은 속으로 뜨끔했을지 모른다. 맹자의 말을 바꾸어 생각하면 '선왕 당신도 인과

의를 해치면 임금 자격이 없어지고 다른 사람의 손에 죽임을 당할 수 있다'는 뜻이니 말이다.

이른바 왕조 교체가 일어날 때마다 새로운 왕조는 맹자의 이와 같은 혁명사상을 정치적 정당성의 근거로 삼곤 하였다. 전형적인 사례가 바로 고려를 무너뜨리고 조선이 건국될 때이다.

맹자의 사상을 근대민주주의와 비교한다면 민주民主, 즉 백성 또는 국민이 주인이고 주권자라는 생각과는 결이 다른 것이 사실이다. 맹자는 정치의 주체는 어디까지나 사士 계급 이상이라고 생각했고, 민民은 지배를 받는 대상이었다. 그래서 맹자의 생각을 민주주의보다는 민본民本 사상 또는 민본주의로 일컫는 경우가 대부분이다.

굳이 영어로 표현하면 'by the people'이라기보다는 'for the people'의 측면이 강한 셈이다. 그런데 이러한 사상은 동서양을 막론하고 근대 전까지는 일반적인 생각이었다.

맹자의 민본 사상은 조선의 선비들에게도 면면히 이어졌으니, 오늘날의 우리 안에도 살아 있다고 할 수 있다. 그렇다면 오늘날의 민본은 무엇일까?

경제적 격차로 인한 양극화의 현실 속에서 구조적 격차를 깨트리는 일이다. 국민에게 희망을 주려면 기회의 균등 이전에 기회의 발판을 평등하게 함으로써 출발선부터 공정한 경쟁이 이루어지도록 해야 한다. 이와 함께 경쟁 이후에 필연적으로 발생할 수밖에 없는 패자와 약자에 대한 배려가 병행되어야 한다.

맹자는 "백성들이 안정적인 경제생활 근거가 없어지면 일관된 도덕심도 없어지기 쉽다"고 말했다. 그렇게 "경제생활 근거가 불안정하여 죄에 빠진 백성들을 쫓아가 처벌한다면, 이는 국가가 미리 그물을 쳐놓고 백성들을 몰아 잡는 것"이라고 말했다. 그러므로 "현명한 군주는 백성들의 경제생활 근거부터 잘 다스려 안정되도록 한다."라고 말했다.

맹자의 말을 빌면 현재 윤석열 정권의 법치만능주의는 민본주의에 어긋난다. 윤석열 정권에서는 불공정한 법의 기준과 법 시행으로 특권을 위한 법치가 성행하고 있다. 21세기 대한민국에서도 맹자의 말은 여전히 유효하다. 맹자의 서릿발 같은 일갈로 글을 끝맺는다.

"왕이 국가를 위태롭게 하면 갈아치워 다른 사람을 왕으로 앉혀야 한다."

대한검국 고발장

제1판 1쇄 인쇄	2023년 9월 16일
제1판 1쇄 발행	2023년 9월 20일

지은이	전병덕
펴낸이	김덕문
책임편집	손미정
디자인	블랙페퍼디자인
마케팅	이종률

펴낸곳	더봄
등록일	2015년 4월 20일
주소	서울시 노원구 화랑로51길 78, 507동 1208호
대표전화	02-975-8007 ‖ 팩스 02-975-8006
전자우편	thebom21@naver.com
블로그	blog.naver.com/thebom21

ISBN 979-11-92386-10-2 03300